Francis Bergèse

LES AVENTURES
DE

BUCK DANNY

Scénario et dessin : FRANCIS BERGÈSE
Couleurs : FRÉDÉRIC BERGÈSE

SABOTAGE AU TEXAS

Les aventures de Buck Danny ont été créées par
Georges Troisfontaines, Victor Hubinon et Jean-Michel Charlier.

DUPUIS

À Bob Haley.

Dépôt légal : décembre 2002 — D.2002/0089/220
ISBN 2-8001-3257-4 — ISSN 0771-890X

Imprimé en Belgique.

ST.1A
PAW PAW PAW
QUOI ?!... C'EST SON JOUR DE CHANCE, À CELLE-LÀ !
PAW
CLANG
ZIIIOU
TU L'AS EUE, SWEETHEART!
AH MAIS !...
Francis Bergese
ST.1B

ALLONS ! EN ROUTE, HONEY... BUCK DEVRAIT ARRIVER D'UN MOMENT À L'AUTRE !
UN QUART D'HEURE PLUS TARD...
LE VOILÀ !... DANS SON E-MAIL, IL ME DISAIT AVOIR ACHETÉ UN PIPER "ARROW" D'OCCASION...
N82RN
HI !
BIENVENUE AU TEXAS, BUCK !
JE TE PRÉSENTE LUCY, QUE TOUT LE MONDE APPELLE LULUBELLE... C'EST SON DÉFUNT MARI QUI L'AVAIT BAPTISÉE AINSI !
TRÈS HEUREUSE DE VOUS RECEVOIR DANS MON RANCH, COLONEL !
RAVI DE FAIRE VOTRE CONNAISSANCE, LULUBELLE ! SONNY M'AVAIT DÉJÀ BEAUCOUP PARLÉ DE VOUS...
VIENS JUSQU'AU HANGAR : TU VAS ADMIRER NOS MONTURES !
BRRRRRRRRRR
GEE ! ILS SONT MAGNIFIQUES !

LE "CORSAIR", MODÈLE F4U-7, PEINT AUX COULEURS DU F4U-1 DE L'AS PAPY BOYINGTON... C'ÉTAIT L'AVION PRÉFÉRÉ DE HANK, FEU LE MARI DE LULUBELLE. ELLE ME LE CONFIE POUR DES PRÉSENTATIONS LORS DE MES CONGÉS...
LE "MUSTANG"... C'EST HABITUELLEMENT LE CHEF-PILOTE DE L'AÉRO-CLUB QUI LE PRÉSENTE, MAIS IL EST EN VACANCES... JE T'AI FAIT VENIR POUR LE REMPLACER...
...ET JE NE ME SUIS PAS FAIT PRIER !
LE P.40, AUX COULEURS DES "TIGRES VOLANTS", EST L'AVION PERSONNEL DE LULUBELLE... HANK LE LUI AVAIT OFFERT POUR SES QUAR...HEU... POUR SON ANNIVERSAIRE, IL Y A DEUX ANS !
JE L'ADORE ! IL EST MOINS PERFORMANT QUE LES AUTRES, MAIS BIEN PLUS FACILE !
PEU APRÈS, SUR LA ROUTE DU RANCH...
NOUS VIENDRONS NOUS ENTRAÎNER CET APRÈS-MIDI ET DEMAIN MATIN. IL NOUS FAUDRA AVOIR REJOINT L'AÉRODROME DE FREDERICKSBURG DEMAIN SOIR...
ST. 3A
DIS-MOI... TU AS VRAIMENT BESOIN DE TOUT CET ACCOUTREMENT POUR FAIRE DU CHEVAL ?
OUAIP ! TU NE LE DIRAS À PERSONNE, MAIS LES CHEVAUX NE ME SUPPORTENT PAS AUTREMENT !
C'EST VRAI, COLONEL !... UN JOUR, IL A VOULU MONTER HABILLÉ EN VACANCIER CALIFORNIEN... EH BIEN, IL A COURU TOUTE LA JOURNÉE APRÈS SON CHEVAL !
MÊME LE COLT EST INDISPENSABLE ?
...SAIS PAS... MAIS QUITTE À SE FAIRE RESPECTER PAR LA GENT CHEVALINE TEXANE, AUTANT METTRE LE PAQUET !
LES CHEVAUX TEXANS ONT BESOIN D'ENTENDRE QUELQUES COUPS DE FEU DE TEMPS EN TEMPS !
TRUE TO TEXAS
Brewed in Ft. Worth, Texas
ÇA ME PERMET DE M'ENTRAÎNER AU TIR... TIENS, TU VOIS LA BOÎTE DE BIÈRE VIDE AU BORD DE LA ROUTE ?
PAW PAW PAW
ST. 3B

(*) Terme désignant les avions de combat de la seconde guerre mondiale maintenus en état de vol.

DE QUOI EST-IL MORT ?
ON POURRAIT DIRE DE SON TROP-PLEIN DE FANTAISIE... À LA SUITE D'UN PARI STUPIDE... COMME IL EN FAISAIT SOUVENT !
APRÈS UNE SOIRÉE BIEN ARROSÉE, IL A DÉCOLLÉ, AUX COMMANDES D'UN U.L.M.(*), DÉGUISÉ EN SORCIÈRE D'HALLOWEEN... IL DEVAIT, EN VOL, SE CHANGER EN PÈRE NOËL ET REVENIR SE POSER AU RANCH DANS UN DÉLAI DE DIX MINUTES...
(*) Ultra-Léger Motorisé.
...IL N'EST PAS REVENU... IL S'ÉTAIT ÉCRASÉ DANS UN PÂTURAGE À QUELQUES KILOMÈTRES...
EN SORCIÈRE OU EN PÈRE NOËL ?
ENTRE LES DEUX... ENFIN EUH... À MOITIÉ NU AVEC LA BARBE DE PÈRE NOËL...
UNE HEURE APRÈS, SUR LA ROUTE DE L'AÉRODROME...
ET DITES-MOI... VOUS DEUX, COMMENT VOUS ÊTES-VOUS CONNUS ?
ST. 5A
AH ? DARLING SONNY NE VOUS A PAS RACONTÉ ?
HEU... HONEY... TU CROIS QUE ÇA INTÉRESSE VRAIMENT BUCK ?
MAIS OUIII ! C'EST TRÈS DRÔÔLE !... AU PRINTEMPS, J'ALLAIS À DALLAS POUR RÉGLER LES FORMALITÉS DE SUCCESSION...
FLYING TIGERS P.40 WARHAWK
... EN TRAVERSANT LE SEUL CARREFOUR DE LA LOCALITÉ DE JOY SPRINGS, J'ENTRE EN COLLISION AVEC UNE BUICK DE COLLECTION QUI N'AVAIT PAS RESPECTÉ MA PRIORITÉ...
J'AI D'ABORD CRU QUE J'AVAIS AFFAIRE À UN GOSSE QUI AVAIT CHIPÉ LA VOITURE DE SON PÈRE...
TON PAPA NE VA PAS ÊTRE TRÈS CONTENT, KID !
Francis Bergèse
ST. 5B

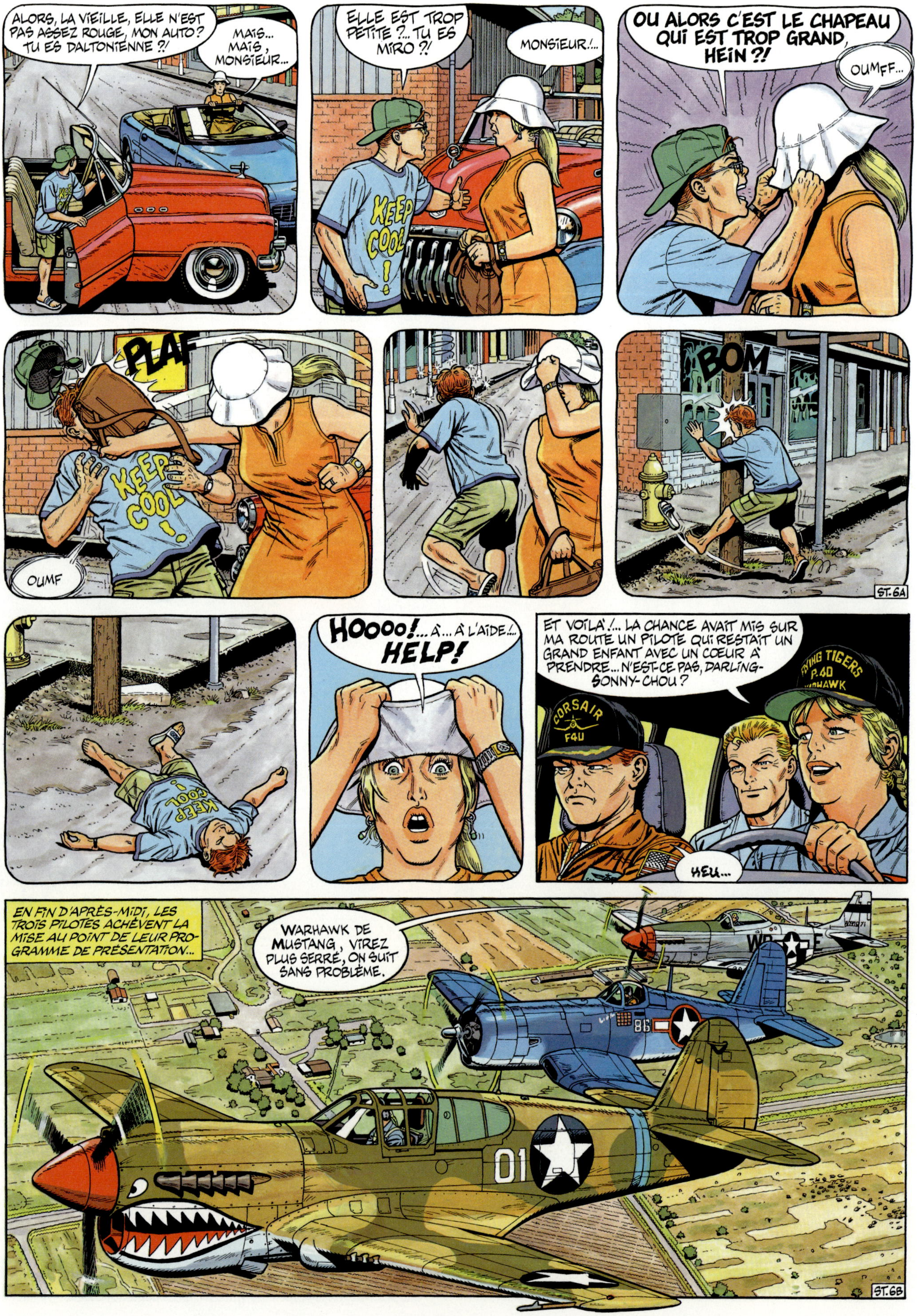

ALORS, LA VIEILLE, ELLE N'EST PAS ASSEZ ROUGE, MON AUTO ? TU ES DALTONIENNE ?!
MAIS... MAIS, MONSIEUR...
ELLE EST TROP PETITE ?.. TU ES MIRO ?!
MONSIEUR !...
KEEP COOL !
OU ALORS C'EST LE CHAPEAU QUI EST TROP GRAND, HEIN ?!
OUMFF...
PLAF
OUMF
BOM
ST. 6A
HOOOO !... À... À L'AIDE... HELP!
ET VOILÀ !... LA CHANCE AVAIT MIS SUR MA ROUTE UN PILOTE QUI RESTAIT UN GRAND ENFANT AVEC UN COEUR À PRENDRE... N'EST-CE PAS, DARLING-SONNY-CHOU ?
CORSAIR F4U
HEU...
EN FIN D'APRÈS-MIDI, LES TROIS PILOTES ACHÈVENT LA MISE AU POINT DE LEUR PROGRAMME DE PRÉSENTATION...
WARHAWK DE MUSTANG, VIREZ PLUS SERRÉ, ON SUIT SANS PROBLÈME.
86
01
ST. 6B

OKAY... ENCHAÎNEZ PAR UN VIRAGE À GAUCHE BIEN DOSÉ POUR NOUS AMENER EXACTEMENT DANS L'AXE DE LA PISTE...
PARFAIT! JE DONNERAI LES TOPS POUR LES BREAKS... ATTENTION...
WARHAWK... TOP!
FLYING TIGERS P.40 WARHAWK
CORSAIR... TOP!
CORSAIR F4U
MUSTANG... TOP!

IMPECCABLE! DEMAIN, NOUS TRAVAILLERONS NOS PRÉSENTATIONS INDIVIDUELLES. SONNY, TU PRÉPARERAS LA NAV(*) POUR FREDERICKSBURG... MOI, JE ME LAISSE EMMENER!
(*) Navigation
LE LENDEMAIN MATIN...
TON AMI SERAIT NÉ DANS UN "MUSTANG" QUE ÇA NE M'ÉTONNERAIT PAS!... TU NOUS AS PROCURÉ UNE RECRUE DE CHOIX, DARLING-SONNY!
BUCK EST À L'AISE DANS N'IMPORTE QUELLE MACHINE VOLANTE! IL ÉTAIT SÛREMENT OISEAU DANS UNE VIE ANTÉRIEURE!
UNE DEMI-HEURE APRÈS...
C'EST ÉLÉGANT, COULÉ... ELLE NE PREND PAS DE RISQUES ET C'EST TRÈS BIEN!
DEPUIS QUE HANK LUI A OFFERT CET AVION, ELLE N'EN PILOTE PLUS AUCUN AUTRE. TU PARLES SI ELLE LE CONNAÎT!
ET, ENCORE UNE AUTRE DEMI-HEURE PLUS TARD...
UNE VRAIE "TÊTE BRÛLÉE"!... IL NE PEUT S'EMPÊCHER DE VOULOIR ÉPATER LA GALERIE... PAR MOMENTS, IL ME FAIT UN PEU PEUR!
IL ME RAPPELLE MON HANK... IL AVAIT BESOIN DE SE FAIRE PEUR POUR REVENIR SATISFAIT!
VERS MIDI...
C'EST BON!... JE CROIS SIMPLEMENT QUE VOUS DEVRIEZ TOUS DEUX AJOUTER UN PASSAGE LENT, TRAIN ET VOLETS SORTIS, COMME JE L'AI FAIT: LES PHOTOGRAPHES ADORENT CETTE CONFIGURATION QUI LEUR DONNE LE TEMPS DE BIEN CADRER...
OKAY... ON VA FAIRE LES PLEINS ET ON RENTRE MANGER UN MORCEAU!
NOUS AVONS LE TEMPS: LE TRAJET REPRÉSENTE TOUT AU PLUS UNE HEURE TRENTE DE VOL. NOUS DÉCOLLERONS EN FIN D'APRÈS-MIDI...

(*) Base d'essais de l'U.S. Air Force

J'AI RÉINTÉGRÉ LA CHASSE ... GRÂCE À TOI, BUCK(*)... ON M'A CONFIÉ POUR QUELQUE TEMPS LA PRÉSENTATION DU F-18 EN MEETINGS...
(*) Lire : « L'Escadrille Fantôme », « Zone Interdite » et « Tonnerre sur la Cordillère »
VOICI LULUBELLE, PROPRIÉTAIRE DE CES WARBIRDS ET AMIE DE SONNY...
HONEY, JE TE PRÉSENTE TUMB ET CINDY, DEUX AMIS TRÈS CHERS, ICI EN PRÉSENTATION DE "LAMPES À SOUDER"!
BONJOUR! LES TROIS NOUVEAUX ARRIVANTS SONT PRIÉS DE PASSER AU BUREAU POUR LES FORMALITÉS... SI VOUS VOULEZ BIEN MONTER!
AIR SHOW OFFICIALS
NOUS RESTONS ICI À ADMIRER VOS MACHINES. QUAND VOUS REVIENDREZ, NOUS MONTRERONS LES NÔTRES À LULUBELLE!
PEU APRÈS, À L'ACCUEIL...
...LES REPAS SONT SERVIS AUX ÉQUIPAGES SOUS LA TENTE SITUÉE DERRIÈRE CE BÂTIMENT. IL Y A DES BUS-NAVETTES POUR VOTRE HÔTEL EN VILLE TOUTES LES DEMI-HEURES. BON SÉJOUR!
GREAT AIRSHOW
HELLO, COLONEL "Y"! HELLO, NUMÉRO 13!
CORSAIR F4U
ST-10A
COMMENT VA DEPUIS NOTRE DERNIÈRE RENCONTRE ?.. J'ÉTAIS LE NUMÉRO 7(*).. MAIS CHUT!
GREAT AIRSHOW
(*) Lire : « L'Escadrille Fantôme »
TED HALEY!.. JE SUIS MAINTENANT INSTRUCTEUR SUR T-37 À SHEPPARD A.F.B.(*), WICHITA FALLS, TEXAS...
BUCK DANNY!
SONNY TUCKSON! ET VOICI LULUBELLE DONT NOUS PILOTONS LES WARBIRDS.
(*) Air Force Base
VOICI LE MAJOR CHUCK WARREN QUI PRÉSENTE L'A-10...
SQUADRON 47, BARKSDALE A.F.B., LOUISIANE.
NOUS ALLONS À L'HÔTEL NOUS RAFRAÎCHIR ... À TOUT À L'HEURE AU RESTAURANT!
À TOUT À L'HEURE!
SYMPA, LE TED!.. MAIS CE WARREN N'A PAS L'AIR D'UN JOYEUX FÊTARD!
TU NE PEUX PAS ATTENDRE DE TOUT LE MONDE D'ÊTRE PRÊT À FAIRE LA FÊTE AVEC TOI!
MOI, IL ME FAIT FROID DANS LE DOS!
AIR SHOW OFFICIALS
Francis Bergèse
ST-10B

PEU APRÈS, AU PARKING D'EXPOSITION DES AVIONS MILITAIRES...
CE PETIT BIPLACE EST LE T-37. DIT "TWEET"...
... L'AVION-ÉCOLE SUR LEQUEL TED EST INSTRUCTEUR...
DERRIÈRE, C'EST L'AVION DE WARREN : L'A-10 "THUNDERBOLT", BIRÉACTEUR D'ATTAQUE AU SOL, DESTRUCTEUR DE CHARS...
U.S. AIR FORCE
AFRC
EN
RIVER ROCK
CINDY EST VENUE DE SAN DIEGO AVEC CE F-18 ET MOI D'EDWARDS AVEC LE F-22...
VFA-137
407
SA
VOILÀ SUR QUOI JE VOLE ACTUELLEMENT(*) HONEY !... UNE MACHINE DE 250 MILLIONS DE DOLLARS, N'EXISTANT ENCORE QU'À QUELQUES EXEMPLAIRES, MAIS DONT L'U.S.A.F. DEVRAIT BIENTÔT COMMENCER À ÉQUIPER SES UNITÉS DE PREMIÈRES LIGNES...
(*) Lire « La Nuit du Serpent »
ST-11A
LE CONGRÈS(*) VOUDRAIT BIEN L'ÉCARTER EN RAISON DE L'ÉNORME BUDGET QU'UNE TELLE PRODUCTION REPRÉSENTE...
(*) Parlement américain
L'AVION A RÉUSSI AVEC SUCCÈS TOUS LES TESTS ET REMPLIT PARFAITEMENT TOUTES LES CONDITIONS SPÉCIFIÉES DANS LE CAHIER DES CHARGES. IL NE MANQUE PLUS QUE L'AVAL DU CONGRESSIONAL BUDGET OFFICE(*) POUR LANCER UNE VÉRITABLE CONSTRUCTION EN SÉRIE...
(*) Organisme d'analyse des dépenses fédérales
HO ! J'AI UNE IDÉE !... ON VA PROPOSER AUX ORGANISATEURS D'ASSOCIER POUR UN PASSAGE LE "CORSAIR" AVEC LE F-18 ET LE "MUSTANG" AVEC LE F-22... L'ANCÊTRE ET LE MODERNE DE LA NAVY ET DE L'AIR FORCE... ÇA SERAIT SYMPA, NON ?
CORSAIR
F4U
LE LENDEMAIN, SAMEDI, LA FÊTE AÉRIENNE - QUI SE PRÉSENTE COMME UNE RÉPÉTITION DE CELLE DU DIMANCHE - BAT SON PLEIN...
LES NUMÉROS EN TOUT GENRE SE SUCCÈDENT POUR LA PLUS GRANDE JOIE DU PUBLIC : DÉPARTS DE MONTGOLFIÈRES...
ST-11B

... VOLTIGE...
... PARACHUTISME...
... ANTIQUES...
U.S.
... HÉLICOPTÈRES...
... WARBIRDS...
... DONT CEUX DE LULUBELLE, SONNY ET BUCK...
ST.12A
... ET AVIONS MILITAIRES...
C'EST MAINTENANT LE F-18, CHASSEUR STANDARD DE L'U.S. NAVY, QUI VOUS EST PRÉSENTÉ PAR LE LIEUTENANT CINDY MACPHERSON...
CINDY EST UN VÉTÉRAN. DANS SES ÉTATS DE SERVICE, ON LIT QUE, TOUCHÉE PAR UN MISSILE DANS LES BALKANS, ELLE RÉUSSIT À RAMENER SON F-18 GRAVEMENT ENDOMMAGÉ JUSQU'À SON PORTE-AVIONS ET À Y APPONTER...(*)
(*) Lire « L'Escadrille Fantôme »
VOICI QUE POUR SON DERNIER PASSAGE, ELLE EST REJOINTE PAR LE MEILLEUR CHASSEUR EMBARQUÉ DE LA SECONDE GUERRE MONDIALE : LE F4U "CORSAIR"...
UN DEMI-SIÈCLE SÉPARE CES DEUX AVIONS, ET NOUS POUVONS LES RÉUNIR ICI, POUR VOUS, EN UN MÊME VOL !
UN HOMMAGE À L'AMIRAL NIMITZ QUI NAQUIT DANS NOTRE BELLE CITÉ EN 1885...
ST.12B

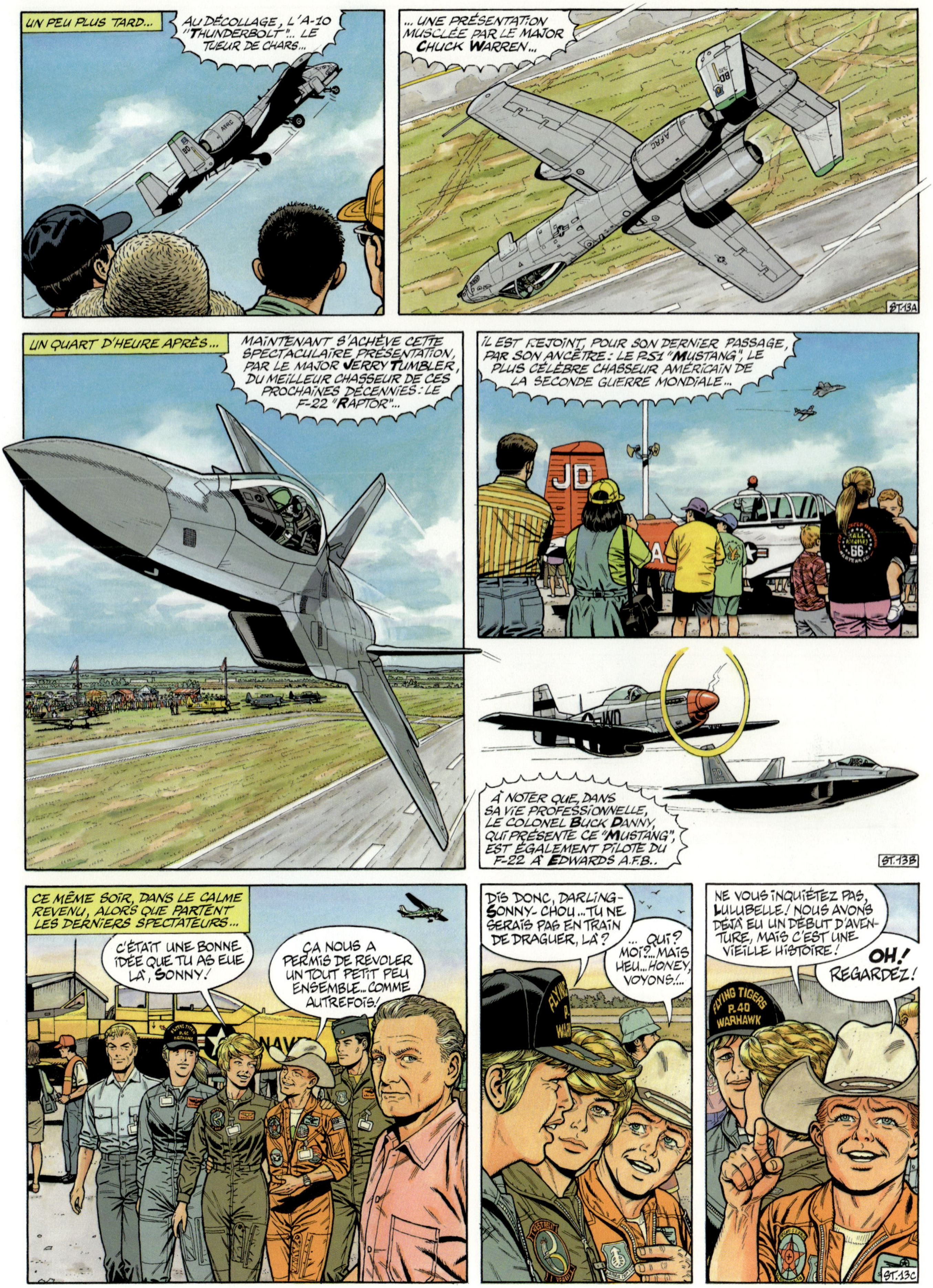
UN PEU PLUS TARD...
AU DÉCOLLAGE, L'A-10 "THUNDERBOLT"... LE TUEUR DE CHARS...
... UNE PRÉSENTATION MUSCLÉE PAR LE MAJOR CHUCK WARREN...
UN QUART D'HEURE APRÈS...
MAINTENANT S'ACHÈVE CETTE SPECTACULAIRE PRÉSENTATION, PAR LE MAJOR JERRY TUMBLER, DU MEILLEUR CHASSEUR DE CES PROCHAINES DÉCENNIES : LE F-22 "RAPTOR"...
IL EST REJOINT, POUR SON DERNIER PASSAGE, PAR SON ANCÊTRE : LE P-51 "MUSTANG", LE PLUS CÉLÈBRE CHASSEUR AMÉRICAIN DE LA SECONDE GUERRE MONDIALE...
À NOTER QUE, DANS SA VIE PROFESSIONNELLE, LE COLONEL BUCK DANNY, QUI PRÉSENTE CE "MUSTANG", EST ÉGALEMENT PILOTE DU F-22 À EDWARDS A.F.B..
CE MÊME SOIR, DANS LE CALME REVENU, ALORS QUE PARTENT LES DERNIERS SPECTATEURS...
C'ÉTAIT UNE BONNE IDÉE QUE TU AS EUE LÀ, SONNY !
ÇA NOUS A PERMIS DE REVOLER UN TOUT PETIT PEU ENSEMBLE... COMME AUTREFOIS !
DIS DONC, DARLING-SONNY-CHOU... TU NE SERAIS PAS EN TRAIN DE DRAGUER, LÀ ?
... QUI ? MOI ?... MAIS HEU... HONEY, VOYONS !...
NE VOUS INQUIÉTEZ PAS, LULUBELLE ! NOUS AVONS DÉJÀ EU UN DÉBUT D'AVENTURE, MAIS C'EST UNE VIEILLE HISTOIRE !
OH ! REGARDEZ !
FLYING TIGERS P.40 WARHAWK

UN PARAPLANE MOTORISÉ ! J'ADORERAIS FAIRE UN TOUR AVEC CET ENGIN !
NON, SWEETHEART !... TU VAS TE ROMPRE LES OS !
MEUH NOON !... SI LE MOTEUR TOMBE EN PANNE, ON EST DÉJÀ SOUS UN PARACHUTE !... IL NE PEUT PAS Y AVOIR PLUS SÉCURISANT !
ET TU CROIS QUE LE TYPE VA TE LE PRÊTER ?
CONTRE UN VOL EN "MUSTANG", OUI !... LE "MUSTANG" A UNE PLACE PASSAGER... JE VAIS LUI EN PROPOSER UN TOUR !
PEU APRÈS...
D'ACCORD, COW-BOY !... MAIS PAS CE SOIR, JE DOIS PARTIR !... HEU, DEMAIN MATIN, ASSEZ TÔT, AVANT LE DÉBUT DES ACTIVITÉS... ÇA TE VA ?
TOPE LÀ, MEC !... À DEMAIN !
L'U.S.A.F. A DEMANDÉ À L'ORGANISATION DE FOURNIR UN HANGAR OÙ LE F-22 POURRAIT ÊTRE BOUCLÉ SOUS BONNE GARDE POUR LA NUIT...
COMME CE HANGAR PEUT CONTENIR TROIS AVIONS DE CETTE TAILLE, MON F-18 ET L'A-10 Y SERONT LOGÉS ÉGALEMENT.
HELLO, CHAPS ! PUIS-JE ME JOINDRE À VOUS POUR LE REPAS ?
BIEN ENTENDU, TED !
U.S.A.F.
N862
TU N'AS PAS VU WARREN ? ON POURRAIT LUI GARDER UNE PLACE...
JE L'AI CROISÉ IL Y A UN QUART D'HEURE, AVEC SON CHEF MÉCANICIEN... JE N'AI PAS PU EN TIRER TROIS MOTS... IL AVAIT L'AIR PRÉOCCUPÉ.
PEUT-ÊTRE UN PROBLÈME AVEC LEUR AVION... ALLONS NOUS METTRE À TABLE AVANT QUE TOUT LE MONDE DÉBARQUE !
LE LENDEMAIN MATIN...
VAS-Y ! COURS ! COURS !
RRRROOOAAAR

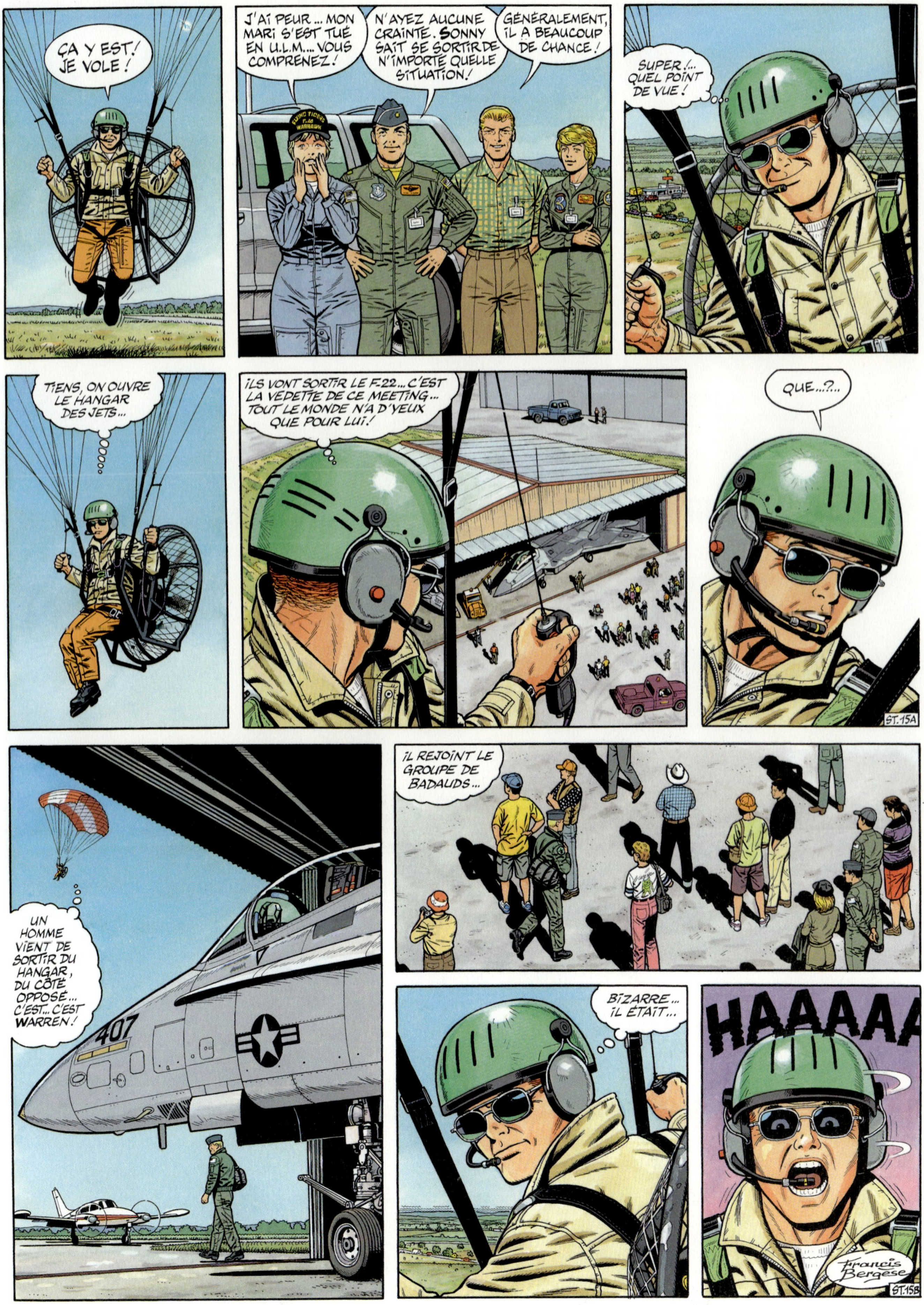
ÇA Y EST ! JE VOLE !
J'AI PEUR ... MON MARI S'EST TUÉ EN U.L.M.... VOUS COMPRENEZ !
N'AYEZ AUCUNE CRAINTE. SONNY SAIT SE SORTIR DE N'IMPORTE QUELLE SITUATION !
GÉNÉRALEMENT, IL A BEAUCOUP DE CHANCE !
SUPER !... QUEL POINT DE VUE !
TIENS, ON OUVRE LE HANGAR DES JETS...
ILS VONT SORTIR LE F.22... C'EST LA VEDETTE DE CE MEETING... TOUT LE MONDE N'A D'YEUX QUE POUR LUI !
QUE...?...
ST. 15A
UN HOMME VIENT DE SORTIR DU HANGAR, DU CÔTÉ OPPOSÉ... C'EST... C'EST WARREN !
IL REJOINT LE GROUPE DE BADAUDS...
BIZARRE... IL ÉTAIT...
HAAAAA
Francis Bergèse
ST. 15B

AAAAA
ATTENTION !
Hiiii
PLOUTCH
HAAAA
HÉÉÉ ! À QUOI TU JOUES, MEC !?
iiiiii
ST.16A
iiiiii
HÉHO ! LÂCHE ÇA !
HAN !
AÏ... AIDEZ-MOI...
HAAAAA
ON EST TROP LOURD !...ON DESCEND !
C'EST BIEN... C'EST BIEN !... CONTINUEZ COMME ÇA !
JE NE TIENS PLUS.. JE VAIS LÂCHER...
JE VAIS T'AIDER, MOI !
HA !
ST.16B

AAAAA
FLAP
OUTCH!
WOUAÏE!
SHUNK
ST.17A
MON SONNY-CHOU!
ÇA VA, SONNY?
SI QUELQU'UN POUVAIT ME DÉBARRASSER DE CE MOTEUR QUI ME RENTRE DANS LES CÔTES, ÇA IRAIT MIEUX!
ST.17B
MERCI, MEC... C'ÉTAIT TRÈS CHOUETTE!... POUR LE VOL EN "MUSTANG" QUE JE TE DOIS, ON SE VOIT CE SOIR APRÈS LE SHOW, HEIN?
HEU... NON, MERCI... ÇA IRA COMME ÇA!
OOOH! DARLING SONNY-CHOU!... TU M'AS FAIT UNE DE CES PEURS!
SERRE-MOI UN PEU MOINS FORT, HONEY, J'AI MAL AUX CÔTES
WOOOOOO
FLYING TIGER P.40 WARHAWK
ST.17C

(*) Instructeurs triés sur le volet qui simulent les adversaires pour l'entraînement des pilotes à Nellis AFB près de Las Vegas

(*) Camarades, en russe.

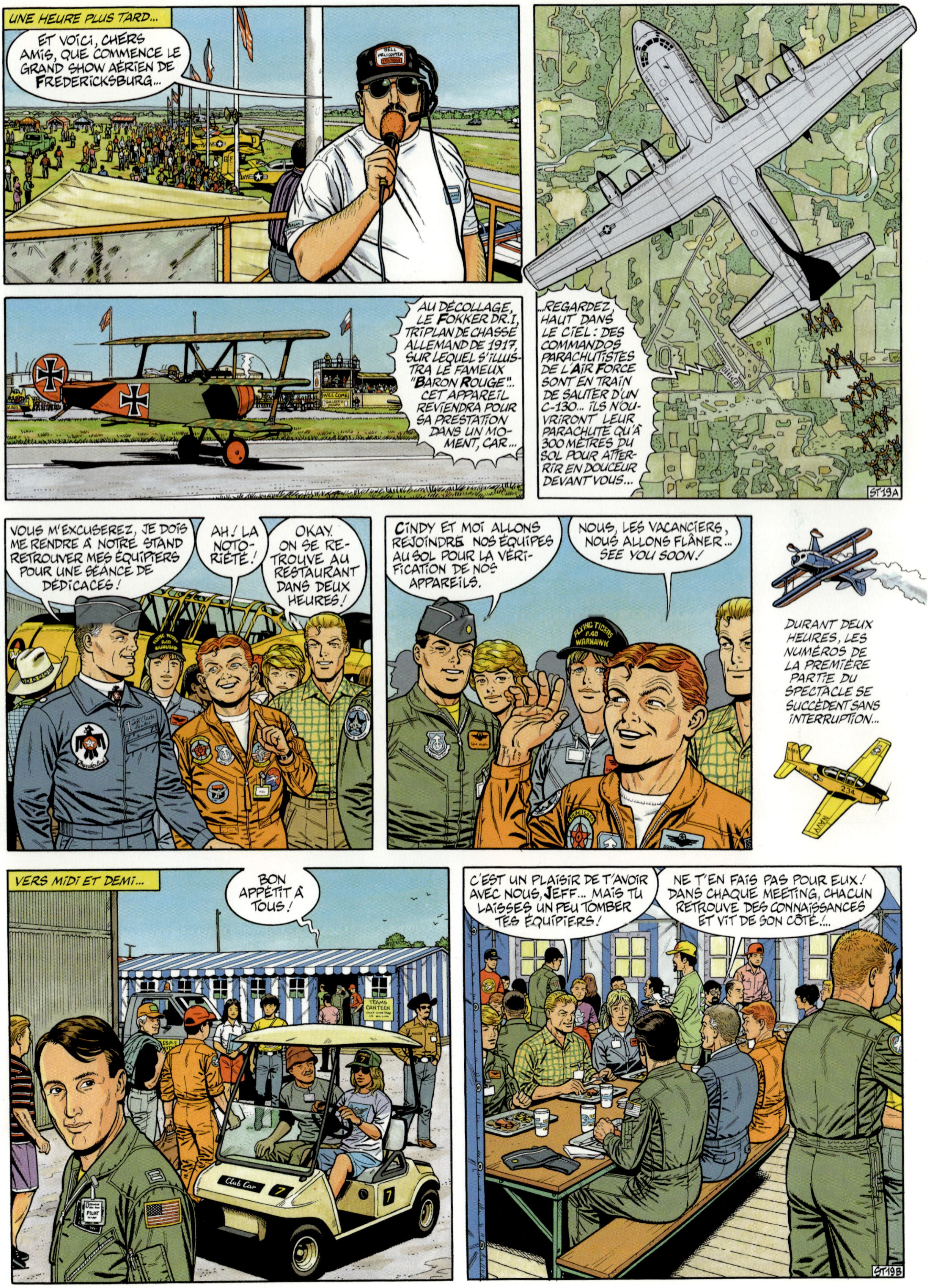
UNE HEURE PLUS TARD...
ET VOICI, CHERS AMIS, QUE COMMENCE LE GRAND SHOW AÉRIEN DE FREDERICKSBURG...
AU DÉCOLLAGE, LE FOKKER DR.I, TRIPLAN DE CHASSE ALLEMAND DE 1917, SUR LEQUEL S'ILLUSTRA LE FAMEUX "BARON ROUGE"... CET APPAREIL REVIENDRA POUR SA PRESTATION DANS UN MOMENT, CAR...
...REGARDEZ HAUT DANS LE CIEL : DES COMMANDOS PARACHUTISTES DE L'AIR FORCE SONT EN TRAIN DE SAUTER D'UN C-130... ILS N'OUVRIRONT LEUR PARACHUTE QU'À 300 MÈTRES DU SOL POUR ATTERRIR EN DOUCEUR DEVANT VOUS...
VOUS M'EXCUSEREZ, JE DOIS ME RENDRE À NOTRE STAND RETROUVER MES ÉQUIPIERS POUR UNE SÉANCE DE DÉDICACES !
AH ! LA NOTORIÉTÉ !
OKAY. ON SE RETROUVE AU RESTAURANT DANS DEUX HEURES !
CINDY ET MOI ALLONS REJOINDRE NOS ÉQUIPES AU SOL POUR LA VÉRIFICATION DE NOS APPAREILS.
NOUS, LES VACANCIERS, NOUS ALLONS FLÂNER... SEE YOU SOON !
DURANT DEUX HEURES, LES NUMÉROS DE LA PREMIÈRE PARTIE DU SPECTACLE SE SUCCÈDENT SANS INTERRUPTION...
VERS MIDI ET DEMI...
BON APPÉTIT À TOUS !
C'EST UN PLAISIR DE T'AVOIR AVEC NOUS, JEFF... MAIS TU LAISSES UN PEU TOMBER TES ÉQUIPIERS !
NE T'EN FAIS PAS POUR EUX ! DANS CHAQUE MEETING, CHACUN RETROUVE DES CONNAISSANCES ET VIT DE SON CÔTÉ !...

HÉ ! MAIS C'EST WARREN QUI PASSE LÀ !
WARREN !
Hi !
TU CHERCHES UNE PLACE ?... ON PEUT SE SERRER !
HEU... NON MERCI... JE DOIS RETROUVER QUELQU'UN...
ÉTRANGE PERSONNAGE... TU LE CONNAIS BIEN ?
OH ! IL A TOUJOURS ÉTÉ PLUTÔT BIZARRE... MAIS CE N'EST PAS UN MAUVAIS BOUGRE !
IL A FAIT UN SÉJOUR AUX "AGRESSEURS". C'EST LÀ QUE JE L'AI CONNU... UN SACRÉ PILOTE !
IL A ENSUITE DISPARU DE LA CIRCULATION, MAIS J'AI APPRIS PAR LA BANDE QU'IL AVAIT ÉTÉ RECRUTÉ PAR LES FORCES SPÉCIALES ET QU'ON L'AVAIT VU AU NICARAGUA OU EN COLOMBIE...
... ENFIN, DANS DES AFFAIRES PAS NETTES QUE MÈNE NOTRE PAYS DANS CES PAYS D'AMÉRIQUE LATINE...
ACTUELLEMENT, IL VOLE SUR A-10 AU SQUADRON 47, UNE UNITÉ DE RÉSERVISTES...
À CE SUJET, JE VAIS VOUS EN DÉVOILER UNE BIEN BONNE !
MES MÉCANOS ONT DISCUTÉ AVEC CEUX DE L'A-10, LESQUELS LUI ONT APPRIS QUE WARREN ÉTAIT INCONNU AU SQUADRON 47 JUSQU'À JEUDI DERNIER... IL Y A ÉTÉ "PARACHUTÉ" SEULEMENT POUR EFFECTUER LA PRÉSENTATION D'A-10 DE CE WEEK-END !...
CURIEUX... JE N'AI JAMAIS EU CONNAISSANCE DE CE TYPE DE PRATIQUE...
EH BIEN, MOI, JE VAIS VOUS EN RACONTER UNE AUTRE !
PENDANT QUE JE VOLAIS AVEC LE... LE TRUC, LÀ... LE... LE...
OUAIS, L'ENGIN À TAMPONNER LES MONTGOLFIÈRES ! ON A COMPRIS !
J'AI ASSISTÉ À L'OUVERTURE DU HANGAR ABRITANT LE F-22, LE F-18 ET L'A-10, ET J'EN AI VU SORTIR EN DOUCE WARREN AVEC UN SAC DE VOYAGE À LA MAIN...

TU AS BIEN DIT: "SORTIR EN DOUCE"?
EXACT... COMPLÈTEMENT À L'OPPOSÉ DU F-22 VERS LEQUEL TOUT LE MONDE S'AGGLUTINAIT!
ET POUR TOI, WARREN SE TROUVAIT AUPARAVANT DANS LE HANGAR FERMÉ?
C'EST OBLIGÉ!
...UN HANGAR QUI A ÉTÉ BOUCLÉ HIER SOIR ET GARDÉ TOUTE LA NUIT PAR DES SOLDATS... ÇA ALORS!
HI, CHAPS! ÇA VA L'APPÉTIT?
DIS DONC, TED, AS-TU VU WARREN HIER SOIR, AU REPAS OU À L'HÔTEL?
NÉGATIF... ET VOUS?... PEUT-ÊTRE AVAIT-IL UN RENDEZ-VOUS PRIVÉ QUI LUI AURAIT FAIT QUITTER L'AÉRODROME APRÈS LE SHOW...
NON. SELON TOUTE VRAISEMBLANCE, IL A PASSÉ LA NUIT DANS LE HANGAR DES CHASSEURS... SONNY L'A VU SORTIR À L'OUVERTURE DES PORTES!
HEIN?
ET TUMB A APPRIS QU'IL N'APPARTIENT PAS AU SQUADRON 47 D'OÙ VIENT L'A-10.
QUOI?
ALORS, GARDE ÇA POUR TOI, MAIS TU COMPRENDRAS QU'ON SE POSE DES QUESTIONS À SON SUJET!
JE COMPRENDS... MAIS, APRÈS TOUT, CE NE SONT PAS NOS OIGNONS!
MOI, JE ME SENS CONCERNÉE... TUMB AUSSI! CE TYPE, VENU ON NE SAIT D'OÙ, SE FAIT ENFERMER POUR LA NUIT DANS LE HANGAR QUI ABRITE NOS AVIONS... DANS QUEL BUT? ON AIMERAIT SAVOIR!
À MON AVIS, LE MIEUX EST DE JOUER CARTES SUR TABLE: ON VA LE QUESTIONNER, TOUT SIMPLEMENT.
IL DÉCOLLE POUR SA PRÉSENTATION DANS VINGT MINUTES. ON IRA LE CUEILLIR À SON RETOUR!
ET, UNE DEMI-HEURE PLUS TARD...
EN GUISE DE SALUT FINAL, LE MAJOR WARREN NOUS GRATIFIE D'UN ENCHAÎNEMENT DE TONNEAUX À GRANDE VITESSE DE ROTATION...
AFRC

À LA FIN DESQUELS IL SORT SES AÉROFREINS, SON TRAIN D'ATTERRISSAGE ET SES FLAPS, POUR UNE PRISE DE TERRAIN EN "U" EXTRÊMEMENT SERRÉE...
ON APPLAUDIT BIEN FORT LE MAJOR WARREN POUR SON IMPRESSIONNANTE PRESTATION !
PEU APRÈS...
FÉLICITATIONS ! NOUS SOMMES TOUS D'ACCORD POUR DIRE QUE C'EST LA PLUS SPECTACULAIRE PRESTATION D'A-10 QUE NOUS AYONS JAMAIS VUE !
ST.22A
MAIS SI NOUS SOMMES LÀ, WARREN, C'EST POUR VOUS POSER DEUX QUESTIONS AUXQUELLES NOUS ESPÉRONS QUE VOUS ACCEPTEREZ DE RÉPONDRE.
SI ELLES NE TOUCHENT PAS AU SECRET MILITAIRE, BIEN ENTENDU ! ET VOUS LE SAVEZ AUSSI BIEN QUE MOI, SIR !
BIEN ENTENDU... ALORS, EST-CE QUE ÇA TOUCHE AU SECRET MILITAIRE LE FAIT QUE VOUS PRÉSENTIEZ UN A-10 DU SQUADRON 47 AUQUEL VOUS N'APPARTENEZ PAS ?
ABSOLUMENT PAS... LE COMMANDEMENT A DÉCIDÉ QUE, POUR CETTE SAISON D'AIR-SHOWS, JE SERAIS L'UNIQUE PRÉSENTATEUR D'A-10. ON M'ENVERRA À CHAQUE FOIS DANS UN DES SQUADRONS D'A-10 LES PLUS PROCHES DU LIEU DE MEETING...
IL SE PEUT QUE CETTE FAÇON DE PROCÉDER S'ÉTENDE À TOUS LES TYPES D'APPAREILS DE L'U.S.A.F. ...
OKAY... CE MATIN, À L'OUVERTURE DU HANGAR DE VOTRE AVION, QUELQU'UN VOUS A VU EN SORTIR...
OR, SACHANT QUE CE HANGAR ÉTAIT FERMÉ ET SOUS PROTECTION TOUTE LA NUIT, ON NE VOIT PAS COMMENT VOUS AURIEZ PU Y ENTRER AUTREMENT QU'HIER SOIR AVANT SA FERMETURE... QU'AVEZ-VOUS À RÉPONDRE ?
ST.22B

HEIN ?... MAIS NON ! JE SUIS ARRIVÉ CE MATIN PEU AVANT L'OUVERTURE DU HANGAR ET J'AI PU ME LE FAIRE ENTROUVRIR POUR ALLER CHERCHER UN SAC QUE J'AVAIS OUBLIÉ LA VEILLE DANS MON AVION... IL N'Y A AUCUN MYSTÈRE !
AH BON... MERCI, WARREN. NE NOUS EN VEUILLEZ PAS, CE N'ÉTAIT QU'UN JEU DE SUPPOSITIONS...
NOUS AVIONS FAIT DES PARIS ENTRE NOUS !
PREMIÈRE CHOSE À FAIRE : TROUVER LES SOLDATS DE GARDE POUR SAVOIR S'ILS ONT PERMIS À WARREN D'ENTRER DANS LE HANGAR AVANT SON OUVERTURE...
CORSAIR F4U
JE M'EN OCCUPE !... COMME VOUS DEVEZ TOUS VOLER INCESSAMMENT, RENDEZ-VOUS À VOS AVIONS... JE VOUS Y RETROUVERAI.
AH, AUTRE CHOSE : S'IL S'AVÈRE QU'IL A MENTI, IL FAUDRA S'ORGANISER POUR SUIVRE SES FAITS ET GESTES...
JE VAIS METTRE MES ÉQUIPIERS SUR LE COUP !
JE SUIS LA PREMIÈRE D'ENTRE NOUS À VOLER... JE ME JOINDRAI À EUX ENSUITE.
VFA-137
ST.23A
VINGT MINUTES APRÈS...
NAVY
VFA-137
CE F-18 DE LA NAVY, PILOTÉ PAR LE LIEUTENANT DE VAISSEAU CINDY MACPHERSON, APPARTIENT AU SQUADRON VFA-137 ACTUELLEMENT EMBARQUÉ SUR LE PORTE-AVIONS U.S.S. "CONSTELLATION" DE LA FLOTTE DU PACIFIQUE...
14
J'AI RENCONTRÉ LES SOLDATS QUI ÉTAIENT DE GARDE CE MATIN AU HANGAR... ILS TOMBAIENT DES NUES : AUCUN D'ENTRE EUX N'A EU À OUVRIR POUR WARREN !
GOOD LORD !... MAIS QUE MIJOTE DONC CE TYPE ?!
472371
DIS-MOI, JEFF... EST-CE QUE JE FAIS DE LA PARANOÏA OU EST-CE QU'IL Y A DE BONNES RAISONS DE S'INQUIÉTER DE CES BIZARRERIES ?
ST.23B

JE SUIS INTRIGUÉ, OUI... D'AUTANT QUE JE N'AI JAMAIS ENTENDU PARLER DE CE PROJET DE PILOTE UNIQUE PAR TYPE D'APPAREIL POUR LES MEETINGS...
BIP BIP BIP BIP
THUNDERBIRD LEADER À L'APPAREIL... J'ÉCOUTE.
ET VOICI QUE, POUR SON DERNIER PASSAGE, LE "HORNET" EST REJOINT PAR SON ILLUSTRISSIME ANCÊTRE: LE F4U "CORSAIR"...
MES ÉQUIPIERS ONT RETROUVÉ WARREN. POUR L'INSTANT, IL SE PROMÈNE DANS LE PUBLIC TOUT EN REGARDANT LE SHOW...
CINDY VA SE POSER... VOUS POUVEZ ALLER LA CHERCHER POUR VOUS RELAYER... SONNY, TUMB ET MOI NE SERONS PAS DISPONIBLES AVANT UNE DEMI-HEURE.
OKAY. BON SHOW, BUCK... À TOUT À L'HEURE !
ST.24A
ON ACCLAME LE LIEUTENANT MAC PHERSON TANDIS QUE DÉCOLLE LA PATROUILLE DES T-6...
VFA-137
407
NAVY
ALORS ?
IL MENT... IL A OBLIGATOIREMENT PASSÉ LA NUIT DANS LE HANGAR !
ST.24B

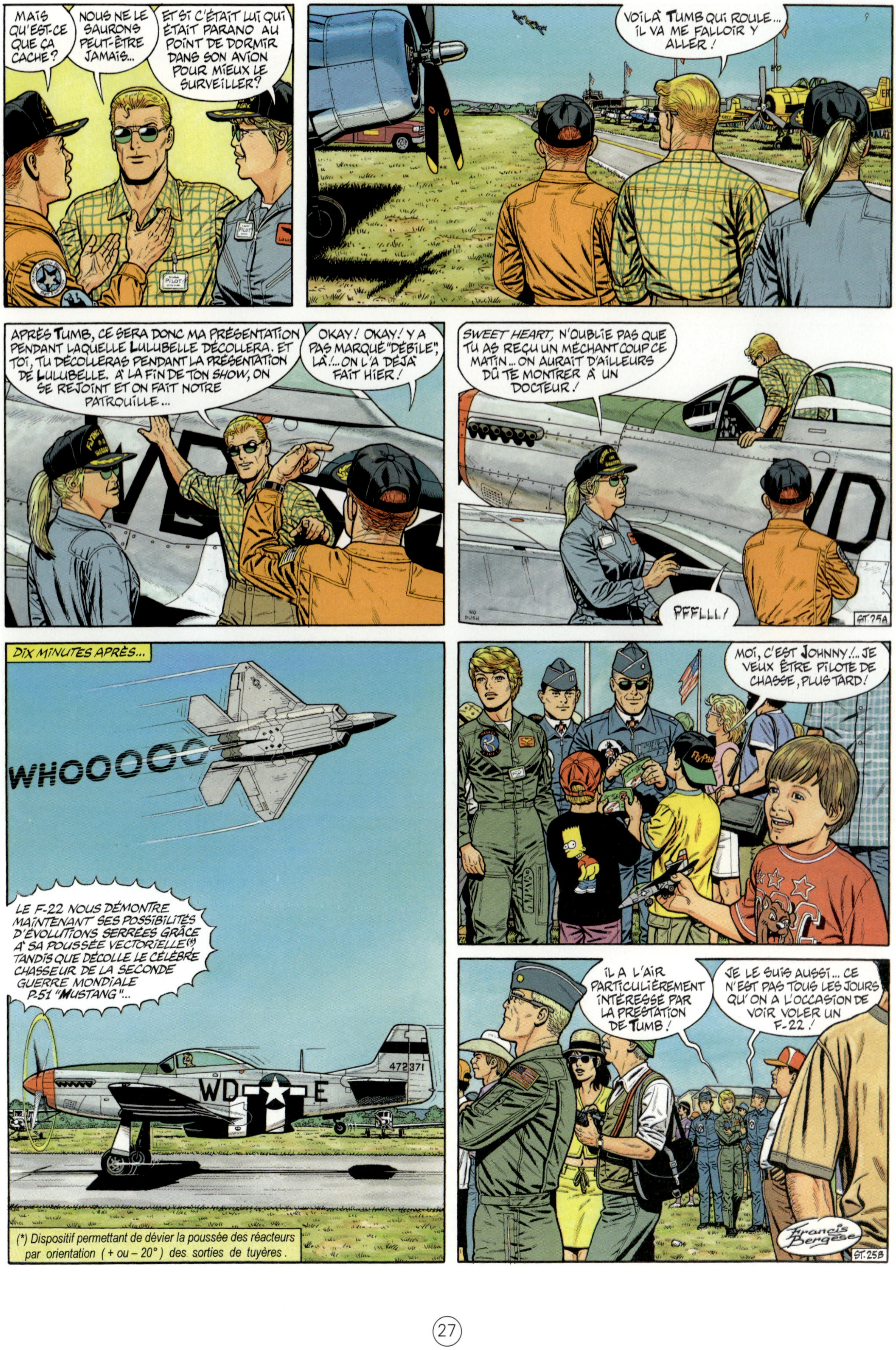
MAIS QU'EST-CE QUE ÇA CACHE ?
NOUS NE LE SAURONS PEUT-ÊTRE JAMAIS...
ET SI C'ÉTAIT LUI QUI ÉTAIT PARANO AU POINT DE DORMIR DANS SON AVION POUR MIEUX LE SURVEILLER ?
VOILÀ TUMB QUI ROULE... IL VA ME FALLOIR Y ALLER !
APRÈS TUMB, CE SERA DONC MA PRÉSENTATION PENDANT LAQUELLE LULUBELLE DÉCOLLERA. ET TOI, TU DÉCOLLERAS PENDANT LA PRÉSENTATION DE LULUBELLE. À LA FIN DE TON SHOW, ON SE REJOINT ET ON FAIT NOTRE PATROUILLE...
OKAY ! OKAY ! Y A PAS MARQUÉ "DÉBILE", LÀ !... ON L'A DÉJÀ FAIT HIER !
SWEET HEART, N'OUBLIE PAS QUE TU AS REÇU UN MÉCHANT COUP CE MATIN... ON AURAIT D'AILLEURS DÛ TE MONTRER À UN DOCTEUR !
PFFLLL !
DIX MINUTES APRÈS...
WHOOOOO
LE F-22 NOUS DÉMONTRE MAINTENANT SES POSSIBILITÉS D'ÉVOLUTIONS SERRÉES GRÂCE À SA POUSSÉE VECTORIELLE(*) TANDIS QUE DÉCOLLE LE CÉLÈBRE CHASSEUR DE LA SECONDE GUERRE MONDIALE P.51 "MUSTANG"...
WD E
472371
(*) Dispositif permettant de dévier la poussée des réacteurs par orientation (+ ou – 20°) des sorties de tuyères.
MOI, C'EST JOHNNY !... JE VEUX ÊTRE PILOTE DE CHASSE, PLUS TARD !
IL A L'AIR PARTICULIÈREMENT INTÉRESSÉ PAR LA PRESTATION DE TUMB !
JE LE SUIS AUSSI... CE N'EST PAS TOUS LES JOURS QU'ON A L'OCCASION DE VOIR VOLER UN F-22 !
Francis Bergèse

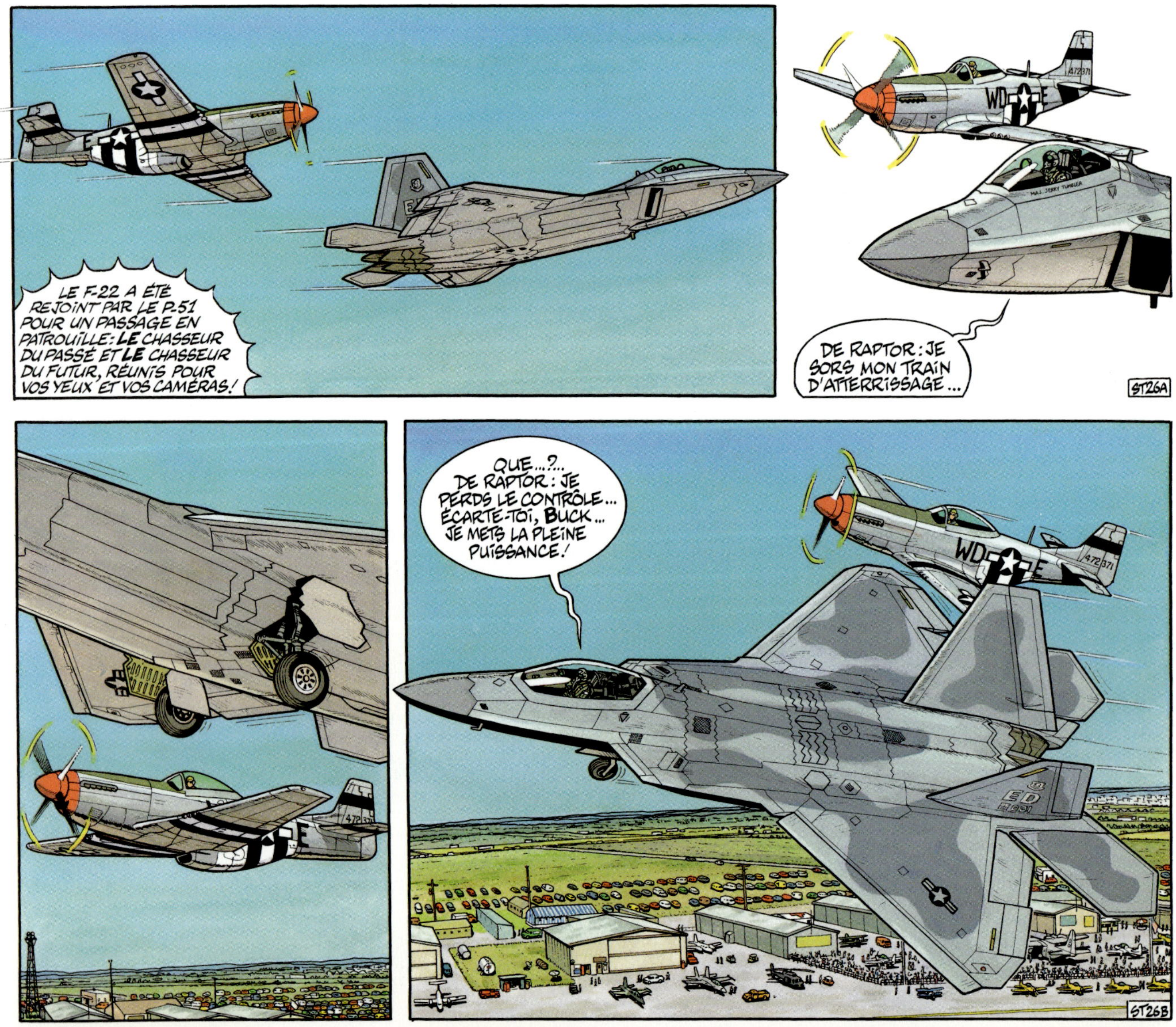
LE F-22 A ÉTÉ REJOINT PAR LE P-51 POUR UN PASSAGE EN PATROUILLE : **LE** CHASSEUR DU PASSÉ ET **LE** CHASSEUR DU FUTUR, RÉUNIS POUR VOS YEUX ET VOS CAMÉRAS !
DE RAPTOR : JE SORS MON TRAIN D'ATTERRISSAGE...
QUE... ?... DE RAPTOR : JE PERDS LE CONTRÔLE... ÉCARTE-TOI, **BUCK**... JE METS LA PLEINE PUISSANCE !
PASSE SUR CIRCUIT DE SECOURS, TUMB ! **VITE !**
J'Y SUIS, MAIS C'EST PAREIL : J'AI PERDU TOUT CONTRÔLE !

DAMN IT !... TUMB A UN PROBLÈME !
MY GOD !
LE P.A.(*) NE RÉPOND PAS NON PLUS... JE RÉDUIS TOUT : L'ACCÉLÉRATION AGGRAVE LE PROBLÈME !
(*) Pilote automatique
ST.27A
TA TRAJECTOIRE PASSE EN DESCENTE... ÉJECTION, TUMB ! ÉJECTION !
ST.27B
ST.27C

DE MUSTANG 45: LE F-22 S'EST ÉCRASÉ DANS UN PÂTURAGE... PAS DE VICTIMES À REDOUTER. ENVOYEZ VITE UN PELOTON DE SÉCURITÉ ET UN VÉHICULE INCENDIE !
JEFF ! REGARDEZ WARREN : ALORS QUE TOUT LE MONDE S'AGGLUTINE VERS LES BARRIÈRES, IL S'EN VA, COMME SI DE RIEN N'ÉTAIT !
IL VA FALLOIR QU'IL RÉPONDE À D'AUTRES QUESTIONS !
HÉ ! OÙ VAS-TU, WARREN ?!
ST. 28A
CHERS AMIS !... NOUS VOUS PRIONS DE RESTER CALMES !
COMME VOUS L'AVEZ VU, LE MAJOR TUMBLER S'EST ÉJECTÉ APRÈS AVOIR DIRIGÉ SON AVION VERS UNE ZONE NON HABITÉE, ET IL EST SAIN ET SAUF !
"THE SHOW MUST GO ON" !... LA PRÉSENTATION DU "MUSTANG" PAR LE COLONEL DANNY VA COMMENCER...
IL SE MÊLE À LA FOULE DES PREMIERS RANGS... ON VA LE PERDRE !
MUSTANG 45 DE PAPA CHARLIE : FAITES VOTRE SHOW, ON ENCHAÎNE !
WARHAWK 43 DE PAPA CHARLIE ?
WD
ST28B

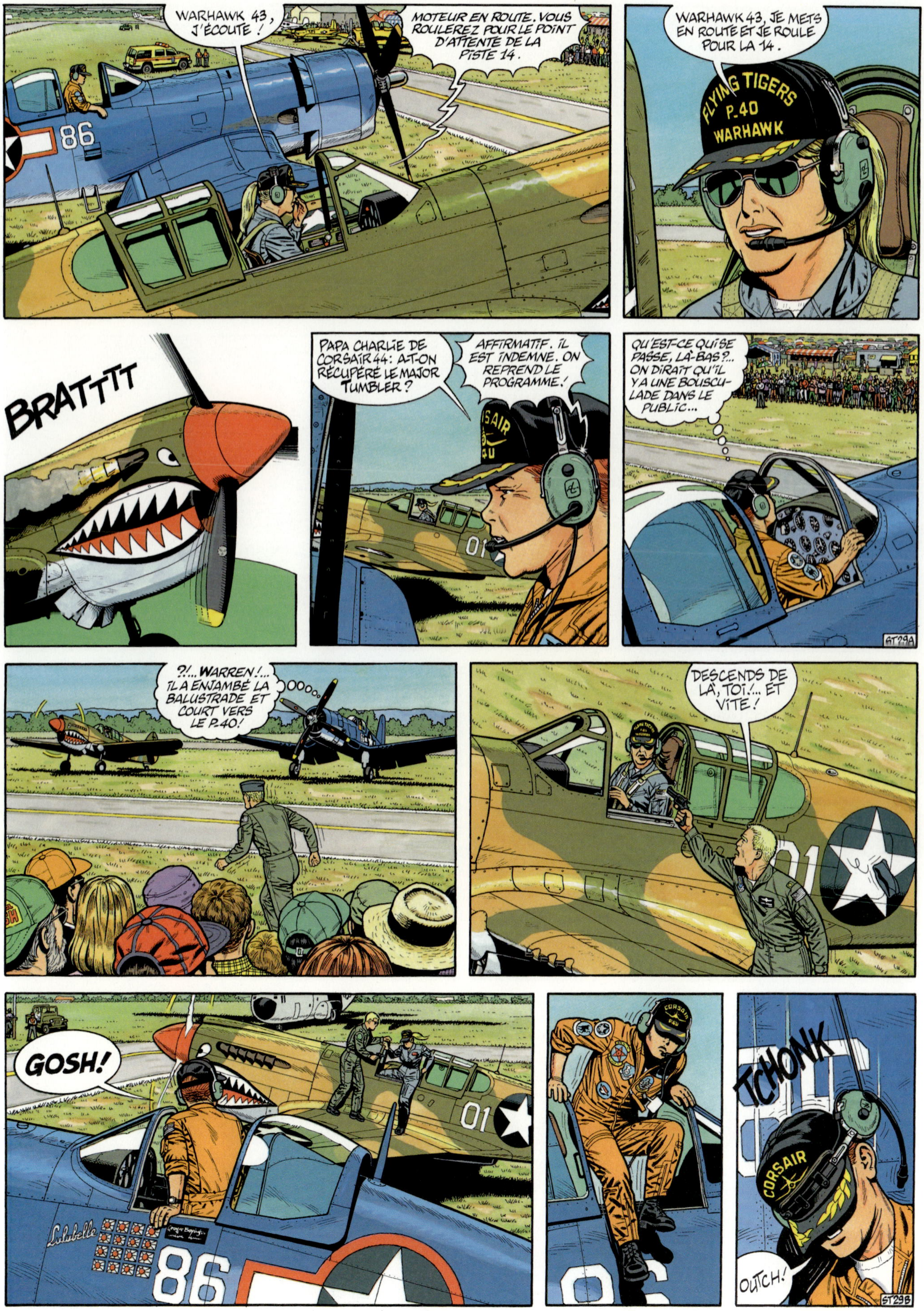

WARHAWK 43, J'ÉCOUTE !
MOTEUR EN ROUTE. VOUS ROULEREZ POUR LE POINT D'ATTENTE DE LA PISTE 14.
WARHAWK 43, JE METS EN ROUTE ET JE ROULE POUR LA 14.
FLYING TIGERS P.40 WARHAWK
BRATTTT
PAPA CHARLIE DE CORSAIR 44: A-T-ON RÉCUPÉRÉ LE MAJOR TUMBLER ?
AFFIRMATIF. IL EST INDEMNE. ON REPREND LE PROGRAMME.
QU'EST-CE QUI SE PASSE, LÀ-BAS ?... ON DIRAIT QU'IL Y A UNE BOUSCULADE DANS LE PUBLIC...
?!... WARREN !... IL A ENJAMBÉ LA BALUSTRADE ET COURT VERS LE P.40 !
DESCENDS DE LÀ, TOI !... ET VITE !
GOSH!
TCHONK
OUTCH!

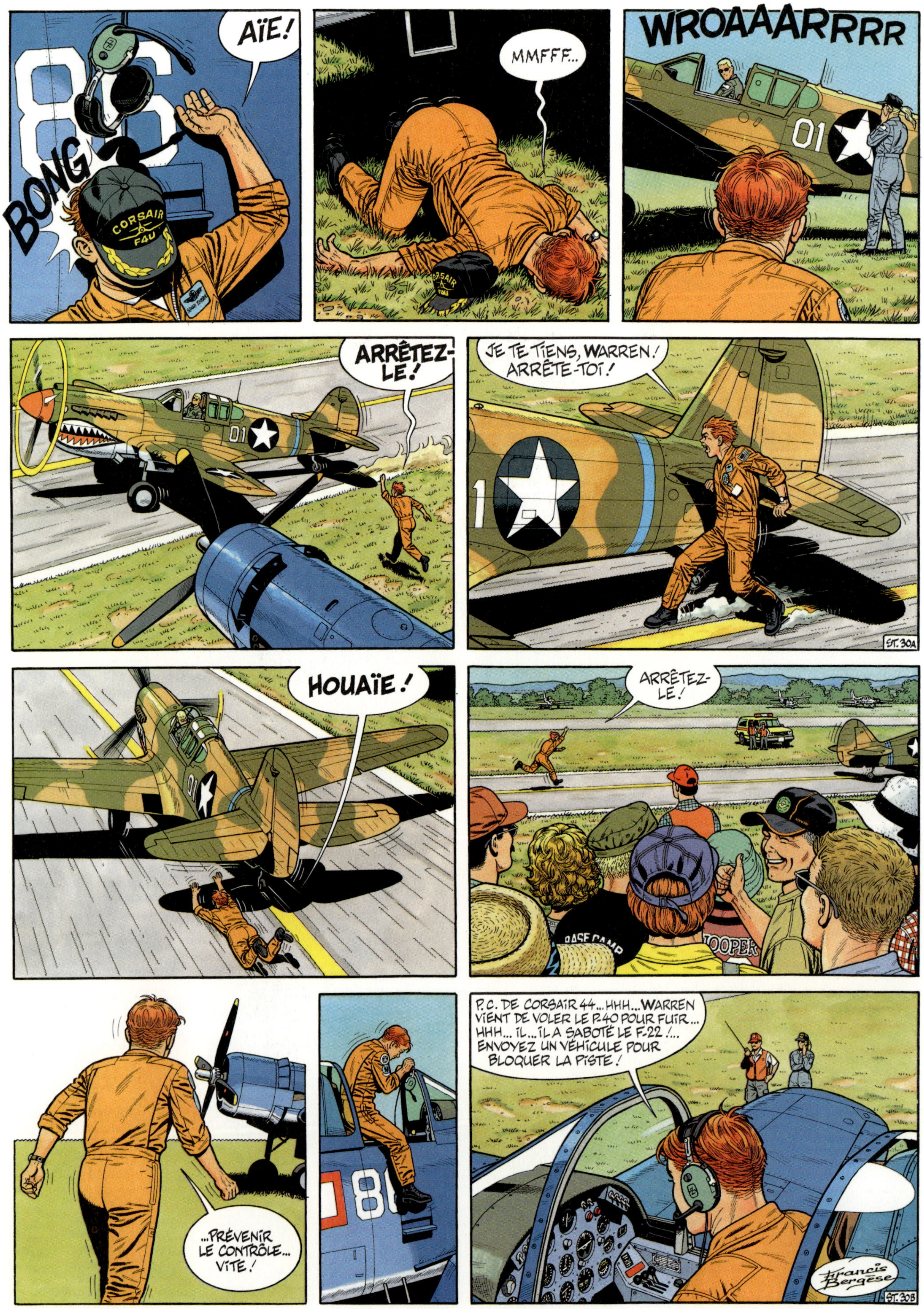
AÏE!
BONG
CORSAIR F4U
MMFFF...
WROAAARRRR
ARRÊTEZ-LE!
JE TE TIENS, WARREN! ARRÊTE-TOI!
ST. 30A
HOUAÏE!
ARRÊTEZ-LE!
...PRÉVENIR LE CONTRÔLE... VITE!
P.C. DE CORSAIR 44... HHH... WARREN VIENT DE VOLER LE P.40 POUR FUIR... HHH... IL... IL A SABOTÉ LE F-22!... ENVOYEZ UN VÉHICULE POUR BLOQUER LA PISTE!
Francis Bergèse
ST. 30B

GOOD LORD ! IL FAUT À TOUT PRIX L'EMPÊCHER DE DÉCOLLER !... JE VAIS ME POSER DEVANT LUI...
IL REJOINT LA PISTE... MAIS ÇA DEVRAIT PASSER !
472371
WD
WD E
01
?!
MAINTENANT, DEBOUT SUR LES FREINS POUR NE PAS LUI LAISSER LA DISTANCE DE DÉCOLLAGE...
ET VOILÀ ! LA PISTE EST BLOQUÉE !
HÉ ! MAIS C'EST PAS LUI, LÀ !... Y'EN A UN AUTRE QUI VIENT D'ATTERRIR... IL...
¡IL VA NOUS PERCUTER !
HELL !
DÉGAGE, FRED ! DÉGAGE !

PFFIOU ! C'ÉTAIT JUSTE !
ST. 32A
L'AUTRE ARRIVE ! IL FAUT LE COINCER, RECULE !
NOUS ÉTIONS DEUX À VOULOIR BLOQUER LA PISTE ! LE P.40 SE LANCE... SI JE REVIENS, C'EST LA COLLISION...
WRROOAARRR
TROP TARD !
ST. 32B
WWRROOAAARRR
DE MUSTANG 45, JE DÉCOLLE À SA POURSUITE !
DE CORSAIR 44, JE TE SUIS, BUCK !
ST. 32C

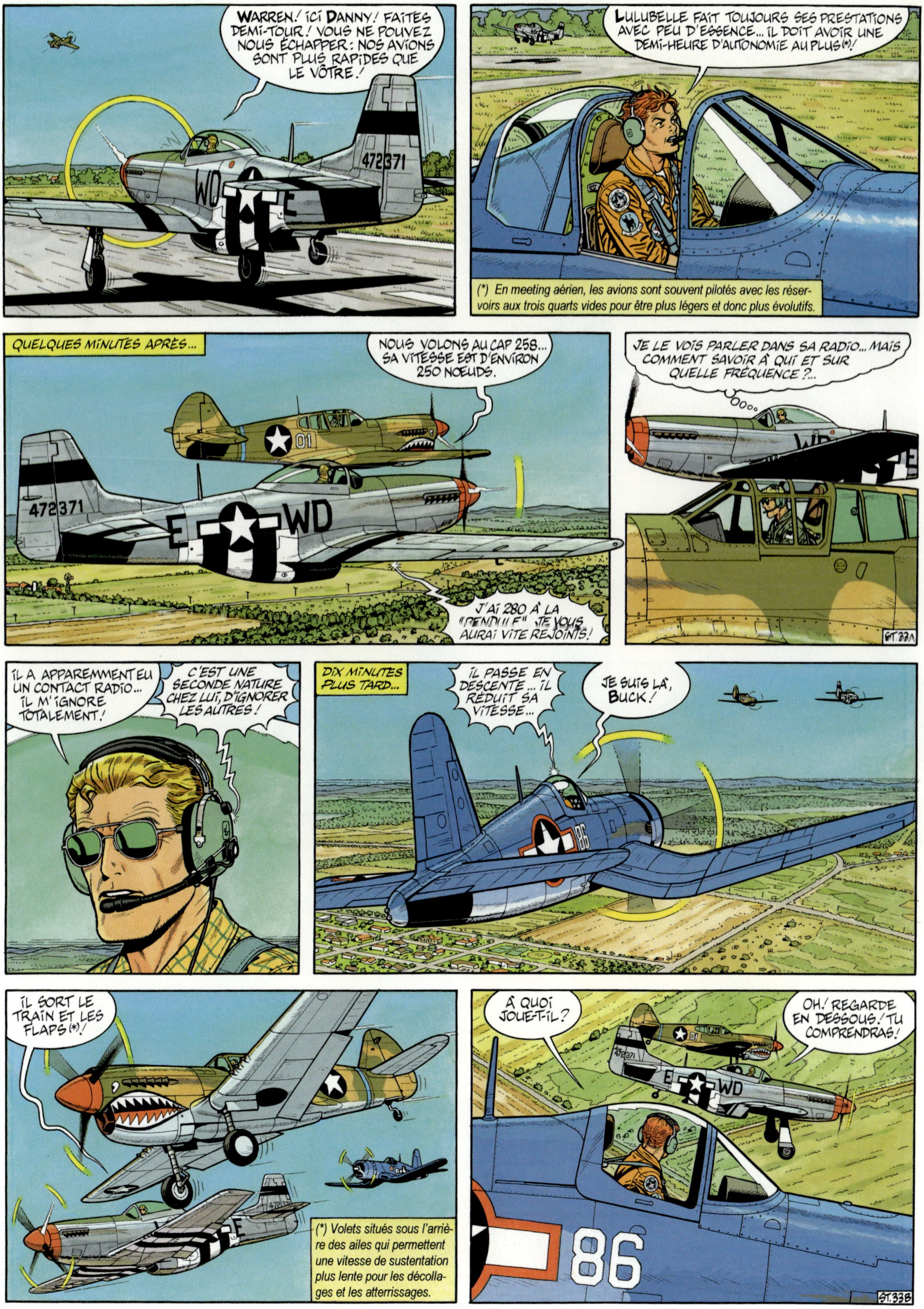
WARREN! ICI DANNY! FAITES DEMI-TOUR! VOUS NE POUVEZ NOUS ÉCHAPPER: NOS AVIONS SONT PLUS RAPIDES QUE LE VÔTRE!
LULUBELLE FAIT TOUJOURS SES PRESTATIONS AVEC PEU D'ESSENCE... IL DOIT AVOIR UNE DEMI-HEURE D'AUTONOMIE AU PLUS(*)!
(*) En meeting aérien, les avions sont souvent pilotés avec les réservoirs aux trois quarts vides pour être plus légers et donc plus évolutifs.
QUELQUES MINUTES APRÈS...
NOUS VOLONS AU CAP 258... SA VITESSE EST D'ENVIRON 250 NOEUDS.
J'AI 280 À LA "PENDULE" JE VOUS AURAI VITE REJOINTS!
JE LE VOIS PARLER DANS SA RADIO... MAIS COMMENT SAVOIR À QUI ET SUR QUELLE FRÉQUENCE?...
IL A APPAREMMENT EU UN CONTACT RADIO... IL M'IGNORE TOTALEMENT!
C'EST UNE SECONDE NATURE CHEZ LUI, D'IGNORER LES AUTRES!
DIX MINUTES PLUS TARD...
IL PASSE EN DESCENTE... IL RÉDUIT SA VITESSE...
JE SUIS LÀ, BUCK!
IL SORT LE TRAIN ET LES FLAPS(*)!
(*) Volets situés sous l'arrière des ailes qui permettent une vitesse de sustentation plus lente pour les décollages et les atterrissages.
À QUOI JOUE-T-IL?
OH! REGARDE EN DESSOUS! TU COMPRENDRAS!

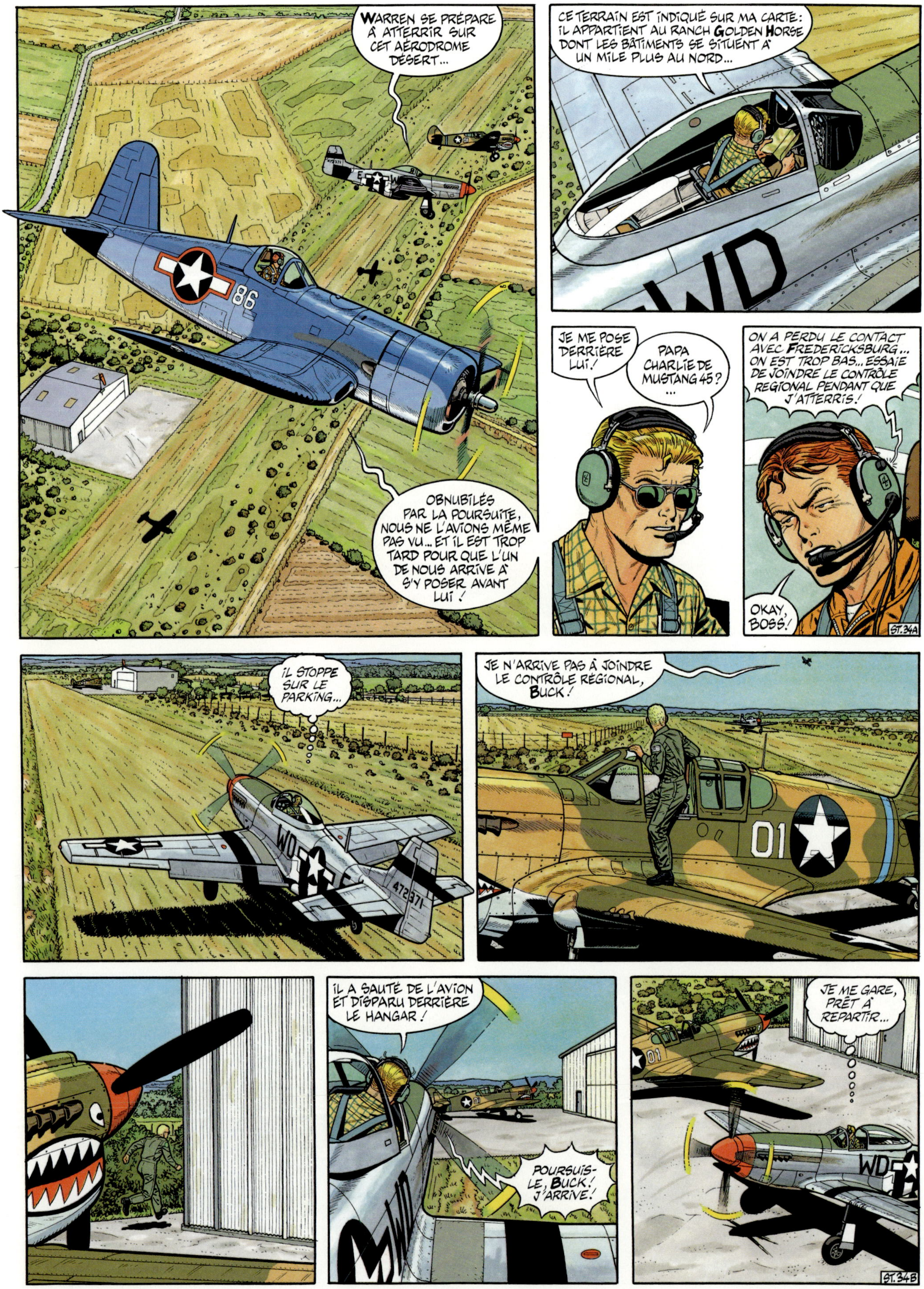
WARREN SE PRÉPARE À ATTERRIR SUR CET AÉRODROME DÉSERT...
OBNUBILÉS PAR LA POURSUITE, NOUS NE L'AVIONS MÊME PAS VU... ET IL EST TROP TARD POUR QUE L'UN DE NOUS ARRIVE À S'Y POSER AVANT LUI !
CE TERRAIN EST INDIQUÉ SUR MA CARTE : IL APPARTIENT AU RANCH GOLDEN HORSE DONT LES BÂTIMENTS SE SITUENT À UN MILE PLUS AU NORD...
WD
JE ME POSE DERRIÈRE LUI !
PAPA CHARLIE DE MUSTANG 45 ? ...
ON A PERDU LE CONTACT AVEC FREDERICKSBURG... ON EST TROP BAS... ESSAIE DE JOINDRE LE CONTRÔLE REGIONAL PENDANT QUE J'ATTERRIS !
OKAY, BOSS !
ST. 34A
IL STOPPE SUR LE PARKING...
JE N'ARRIVE PAS À JOINDRE LE CONTRÔLE RÉGIONAL, BUCK !
01
IL A SAUTÉ DE L'AVION ET DISPARU DERRIÈRE LE HANGAR !
POURSUIS-LE, BUCK ! J'ARRIVE !
JE ME GARE, PRÊT À REPARTIR...
ST. 34B

WWRROOMMMM
UNE VOITURE DÉMARRE!
DAMN IT!
ST.35A
IL FAUT REDÉCOLLER, IL S'EST TIRÉ EN VOITURE!
JE VIENS AVEC TOI!
GARÉ COMME JE SUIS, IL FAUDRA DU MONDE POUR TOURNER MON AVION!... ET PUIS IL Y A JUSTE ASSEZ D'ESSENCE POUR LE RAPATRIER SUR FREDERICKSBURG!
C'EST UNE GROSSE VOITURE GRISE... UNE LINCOLN, JE CROIS...
LE CHEMIN QUI DESSERT L'AÉRODROME REJOINT D'UN CÔTÉ LE RANCH ET DE L'AUTRE LA ROUTE NUMÉRO 41...
Francis Bergèse
ST.35B

ELLE A TOURNÉ À GAUCHE, DONC EN DIRECTION DE LA ROUTE NUMÉRO 41...
NOUS Y VOICI... PERSONNE À GAUCHE SUR ENVIRON UN MILE DE VISIBILITÉ...
LÀ-BAS! AU LOIN, EN DIRECTION DE L'OUEST... J'APERÇOIS UNE VOITURE QUI ME SEMBLE GRISE!
PEU APRÈS...
C'EST ELLE, BUCK?
CERTAINEMENT.
ET QU'EST-CE QU'ON FAIT, MAINTENANT?
EN RÉGIME ÉCONOMIQUE, J'AI ENCORE UN QUART D'HEURE DE CARBURANT AVANT DE DEVOIR DÉCIDER DE RENTRER À FREDERICKSBURG...
ON PREND DE L'ALTITUDE ET ON ALERTE LES AUTORITÉS PAR L'INTERMÉDIAIRE D'UN CONTRÔLE AÉRONAUTIQUE?!
SPEED LIMIT 50
NON... CELA DIMINUERAIT NOTRE AUTONOMIE POUR UN RÉSULTAT BIEN IMPROBABLE: IL NOUS FAUDRAIT PROUVER QU'IL Y A BIEN EU SABOTAGE DU F-22, CE QU'ON EST DANS L'INCAPACITÉ DE FAIRE. QUANT AU VOL DU P-40, INUTILE TANT QU'IL N'Y A PAS DE PLAINTE DÉPOSÉE...
LA VOITURE A TOURNÉ À GAUCHE, VERS LE SUD... ROUTE 335.
IL FAUT SIMPLEMENT DEMANDER QUE LE SHÉRIF DE CE COMTÉ ARRÊTE UN SUSPECT EN FUITE, ON S'EXPLIQUERA APRÈS!
WARREN N'EST SUSPECT QUE POUR NOUS, SONNY! IL FAUDRAIT RETROUVER LE SAC QU'IL AVAIT AVEC LUI, CETTE NUIT, DANS LE HANGAR... IL DOIT CONTENIR LA PREUVE DE SON FORFAIT.
GOSH! LÀ!

QU'Y A-T-IL ?
BAR-MOTEL STATION SERVICE À 5 MILES !
REAL COUNTY
BAR MOTEL
CHEVRON GASOLINES
5 MILES
ET ALORS ?
ÇA ME FAIT PENSER QU'IL LEUR SUFFIT DE S'ARRÊTER ET D'ATTENDRE QU'ON N'AIT PLUS DE CARBURANT POUR ÊTRE DÉBARRASSÉS DE NOUS !
GOOD LORD ! TU AS RAISON !... S'ILS PENSENT À ÇA, ILS VONT POUVOIR NOUS FAIRE UN BEAU PIED DE NEZ SUR LE PARKING DU MOTEL... OU AVANT...
PLUS LOIN, LA ROUTE EST DROITE ET N'OFFRE PAS DE DÉGAGEMENT... ON POURRAIT SE POSER ET LES BLOQUER... QU'EST-CE QUE TU EN PENSES ?
JE TE SUIS !
UN AVION SUR UNE ROUTE AMÈNERA RAPIDEMENT LES AUTORITÉS DU COIN... RESTE À TROUVER COMMENT COINCER WARREN JUSQUE-LÀ !
TU PEUX Y ALLER, BUCK... ON DEVRAIT SE TROUVER NEZ À NEZ AU BOUT DE LA LIGNE DROITE !
DAMN IT ! IL SE POSE SUR LA ROUTE !
IMPOSSIBLE DE LE CONTOURNER : TALUS D'UN CÔTÉ, BARRIÈRE ET RAVIN DE L'AUTRE !

IL VIENT SUR NOUS !
MARCHE ARRIÈRE ! VITE !
APRÈS LA COURBE, IL Y A UN ESPACE D'ARRÊT D'URGENCE : ON POURRA Y FAIRE DEMI-TOUR !...
PLUS VITE, ROY ! PLUS VITE !
SI ON LES LAISSE CONTINUER, ILS VONT POUVOIR FAIRE DEMI-TOUR !...
... ET ILS REPARTIRONT TRANQUILLEMENT TANDIS QU'ON RESTERA BLOQUÉS ICI COMME DEUX IDIOTS ! "CARTONNE" LEUR MOTEUR AVEC L'HÉLICE, BUCK !
OKAY ! ON N'A PLUS LE CHOIX !
IL EST SUR NOUS !
HAAA !

CLANG
BLANG
UNE VOITURE ARRIVE !
AVEC MOI, VITE !
ALLONS-Y, BUCK !
ST. 39A
ALORS, WARREN ?! VOUS ATTENDEZ QUOI ?!
IL A UNE JAMBE COINCÉE !
QU'EST-CE QUI SE PASSE, LÀ ?!
JE M'OCCUPE DU NOUVEL ARRIVANT... TU SAIS CE QU'IL TE RESTE À FAIRE !
UNE TÔLE ME RETIENT LA CHEVILLE... POUVEZ-VOUS REGARDER SI...
PAS LE TEMPS, *CHAP* ! DÉSOLÉ !
ST. 39B
BANG
BANG
SONNY ! PRENDS-LUI SON ARME !
ST. 39C

ARGNN!
OUAÏE!
ÇA VA! ÇA VA! JE M'EN VAIS!
PAS QUESTION!
IL N'EST QUESTION QUE DE ÇA, JUSTEMENT!... RESTEZ EN DEHORS DE CETTE AFFAIRE!
MESSIEURS!... J'AIMERAIS QU'ON M'EXPLIQUE...
MAIS JE VAIS TE LES DESCENDRE, MOI!
PAS DE BÊTISE, SONNY... CET AUTOMOBILISTE N'A RIEN À FAIRE DANS CETTE HISTOIRE!
ST.40A
RELÈVE L'IMMATRICULATION: LE TÉMOIGNAGE DU CONDUCTEUR SERA TRÈS UTILE POUR LA SUITE DE L'ENQUÊTE.
WARREN?
WARREN?
Francis Bergèse
ST.40B

DANNY... IL M'A EU...
ALLÔ, SHÉRIF... UN AVION BLOQUE LA ROUTE !... IL A EU UN ACCIDENT AVEC UNE VOITURE !... QUOI ?... SI J'AI BU ? EH BEN, VENEZ VÉRIFIER QUE NON !
VOUS AVIEZ VU JUSTE... J'AI BIEN SABOTÉ LE F-22... HEUREUX QUE TUMBLER AIT PU S'ÉJECTER ET QU'IL N'Y AIT PAS DE VICTIME...
Y A LONGTEMPS QUE C'EST ARRIVÉ ?
472371
ST.41A
... SAIS PAS... C'ÉTAIT DÉJÀ COMME ÇA, SAUF QU'Y SE BAGARRAIENT... J'ME SUIS PAS APPROCHÉ !
AC/DC
Kendall motor oil
POUR LE COMPTE DE QUI AVEZ-VOUS FAIT ÇA ?
LE GOU... HHH...
LE GOU?
... LE GOUVERNEMENT...
QUOI?
IL DÉLIRE, BUCK ! LAISSE TOMBER !
SONNY ! IL Y A DES GENS QUI S'APPROCHENT... EMPÊCHE-LES DE VENIR... TROUVE UN PRÉTEXTE : RISQUE D'INCENDIE, D'EXPLOSION...
J'ÉTAIS EN SERVICE COMMANDÉ... FORCES SPÉCIALES...
ST.41B

MAIS POURQUOI ? QU'EST-CE QUI PEUT POUSSER UN GOUVERNEMENT À DÉTRUIRE CE QU'IL A CONTRIBUÉ À CRÉER ?!
... PROGRAMME F-22 TROP CHER... COÛTS PROHIBITIFS... IL FAUT DÉVALUER L'AVION... PRÉTEXTE POUR ANNULER OU RESTREINDRE LES COMMANDES DE L'U.S.A.F....
JE SAIS BIEN QUE LE CONGRÈS S'OPPOSE DEPUIS LONGTEMPS À LA CONSTRUCTION EN SÉRIE DU F-22... MAIS DE LÀ À EN ARRIVER À DE TELLES EXTRÉMITÉS !...
JE VOUS DIS CE QUE JE SAIS, DANNY... JE SUIS FICHU... JE VEUX QUE VOUS SACHIEZ QUE JE NE SUIS PAS UN TRAÎTRE : J'OBÉISSAIS À DES ORDRES...
L'ENQUÊTE DÉTERMINERA CERTAINEMENT QU'IL S'AGISSAIT D'UN SABOTAGE ! CETTE COMBINE EST FINALEMENT VOUÉE À L'ÉCHEC !
LA COMMISSION D'ENQUÊTE EST DÉJÀ COMPOSÉE... À LA SOLDE DES COMMANDITAIRES... FERONT DISPARAÎTRE TOUT CE QUI PEUT RÉVÉLER LE SABOTAGE...
JE VOIS... ET QUAND LES ENQUÊTEURS DU CONSTRUCTEUR SERONT AUTORISÉS À OPÉRER, ILS NE POURRONT RIEN TROUVER !...
DANS LE COFFRE À BAGAGES DU BIDON D'AILE DE MON A-10... UN SAC GRIS CONTIENT DES ÉLÉMENTS INFORMATIQUES INTERCHANGÉS DANS LE F-22... HHH... PERTE CONTRÔLE AU MOMENT DE LA SORTIE DU TRAIN D'ATTERRISSAGE... HHH...
ST.42A
VOUS, VOUS AVEZ BIEN VU QU'ON SE BATTAIT AVEC DEUX HOMMES QUI ONT FUI, HEIN ?... FAUDRA LE DIRE AU SHÉRIF !
HEY, MAN ! UN PETIT SODA POUR VOUS REMETTRE DE VOS ÉMOTIONS ?!
LE SHÉRIF VA ARRIVER, BUCK !
UNE HEURE PLUS TARD...
POST OFFICE
LIBRARY
SHERIFF OFFICE
ÉCOUTEZ, COLONEL... VOTRE HISTOIRE N'EST PAS VRAIMENT CLAIRE... IL Y A MORT D'HOMME... UN OFFICIER DE L'U.S.A.F. !
ST.42B

JE DOIS VOUS GARDER À VUE, AINSI QUE LE CAPITAINE TUCKSON, JUSQU'À CE QUE J'AIE DES ORDRES DES AUTORITÉS COMPÉTENTES...
ÇA Y EST, CHEF ! VOILÀ UN MESSAGE LES CONCERNANT.
ON DOIT RAMENER LE COLONEL DANNY ET LE CAPITAINE TUCKSON À L'AÉROPORT DE FREDERICKSBURG ET LES REMETTRE À UN CERTAIN MONSIEUR WHITE QUI VIENT DE WASHINGTON PAR AVION.
IL NOUS FAUT TROUVER D'URGENCE DES MÉCANICIENS POUR DÉMONTER CET AVION ET LE RAPATRIER PAR LA ROUTE !
ST.43A
À LA TOMBÉE DE LA NUIT...
DARLING-SONNY-CHOU ! JE ME SUIS FAIT UN SANG D'ENCRE !
LE PROPRIÉTAIRE DU RANCH GOLDEN HORSE A TÉLÉPHONÉ POUR SAVOIR SI LE P-40 ET LE "CORSAIR" VENAIENT D'ICI ET CE QU'ILS FAISAIENT SUR SON PARKING !
ES-TU SÛR QUE WARREN AURAIT SABOTÉ LE F-22 ? ÇA ME PARAÎT TELLEMENT INVRAISEMBLABLE !
NON SEULEMENT J'EN AI LA CONFIRMATION PAR LUI-MÊME, MAIS ON NE VA PAS TARDER À EN AVOIR LA PREUVE... QUAND TU CONNAÎTRAS LE FOND DE L'AFFAIRE, ÇA TE PARAÎTRA ENCORE PLUS INVRAISEMBLABLE !
SHÉRIF, VOULEZ-VOUS BIEN NOUS ACCOMPAGNER JUSQU'À L'AVION DU MAJOR WARREN ?
ST.43B
UN SAC GRIS ?... OUI, IL Y EN AVAIT BIEN UN DANS LE CONTAINER...
... AVAIT ?... OÙ EST-IL MAINTENANT ?!
PARTI IL Y A UNE HEURE... DEUX AGENTS DU F.B.I. SONT VENUS LE CHERCHER !
GOOD LORD ! C'ÉTAIT LA PREUVE DU SABOTAGE DU F-22 !
ON EST DANS DE BEAUX DRAPS !
IL Y A UN AVION QUI VA ATTERRIR... ÇA DOIT ÊTRE POUR NOUS...
ST.43C

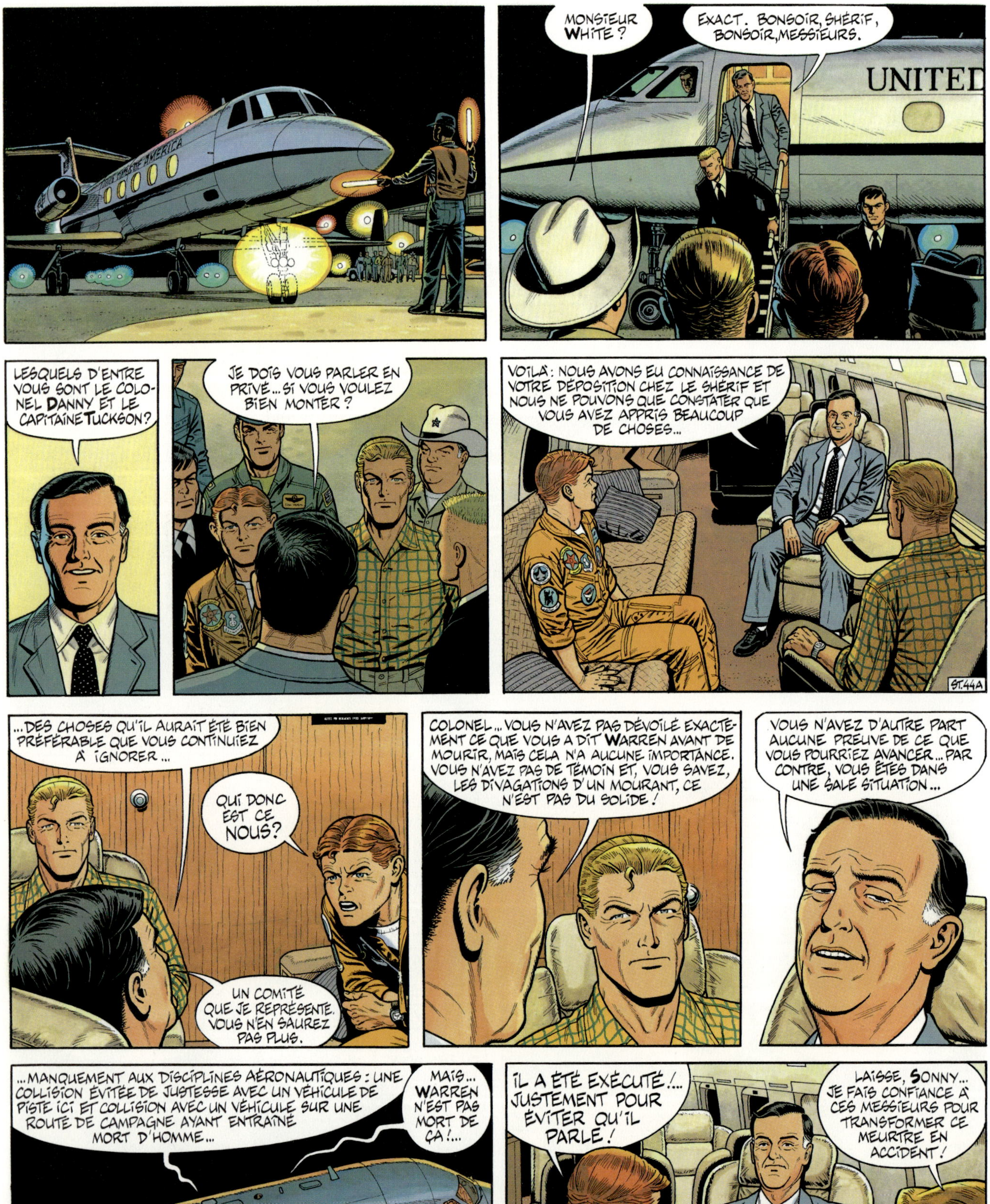
MONSIEUR WHITE ?
EXACT. BONSOIR, SHÉRIF, BONSOIR, MESSIEURS.
UNITED
LESQUELS D'ENTRE VOUS SONT LE COLONEL DANNY ET LE CAPITAINE TUCKSON?
JE DOIS VOUS PARLER EN PRIVÉ... SI VOUS VOULEZ BIEN MONTER ?
VOILÀ : NOUS AVONS EU CONNAISSANCE DE VOTRE DÉPOSITION CHEZ LE SHÉRIF ET NOUS NE POUVONS QUE CONSTATER QUE VOUS AVEZ APPRIS BEAUCOUP DE CHOSES...
ST.44A
...DES CHOSES QU'IL AURAIT ÉTÉ BIEN PRÉFÉRABLE QUE VOUS CONTINUIEZ À IGNORER...
QUI DONC EST CE NOUS?
UN COMITÉ QUE JE REPRÉSENTE. VOUS N'EN SAUREZ PAS PLUS.
COLONEL... VOUS N'AVEZ PAS DÉVOILÉ EXACTEMENT CE QUE VOUS A DIT WARREN AVANT DE MOURIR, MAIS CELA N'A AUCUNE IMPORTANCE. VOUS N'AVEZ PAS DE TÉMOIN ET, VOUS SAVEZ, LES DIVAGATIONS D'UN MOURANT, CE N'EST PAS DU SOLIDE !
VOUS N'AVEZ D'AUTRE PART AUCUNE PREUVE DE CE QUE VOUS POURRIEZ AVANCER... PAR CONTRE, VOUS ÊTES DANS UNE SALE SITUATION...
...MANQUEMENT AUX DISCIPLINES AÉRONAUTIQUES : UNE COLLISION ÉVITÉE DE JUSTESSE AVEC UN VÉHICULE DE PISTE ICI ET COLLISION AVEC UN VÉHICULE SUR UNE ROUTE DE CAMPAGNE AYANT ENTRAÎNÉ MORT D'HOMME...
MAIS... WARREN N'EST PAS MORT DE ÇA !...
UNITED STATES OF AMERICA
IL A ÉTÉ EXÉCUTÉ !... JUSTEMENT POUR ÉVITER QU'IL PARLE !
LAISSE, SONNY... JE FAIS CONFIANCE À CES MESSIEURS POUR TRANSFORMER CE MEURTRE EN ACCIDENT !
ST.44B

L'auteur tient à remercier pour leur aide amicale : Jean-Claude « Bobo » Bodart, Jean-Marc Brûlez, Marc Chassard, Claude Delluc (ULM Evasion, Romans), Colonel (ret. USAF) Robert D. Haley, Jacques Léopold, Jean-Michel Maurel, Paul Rorive et Pierre Varnet.
La mise en couleurs est de Frédéric Bergèse.

CVA.67
DEUS ET PATRIA
FIGHTING 32
S. TUCKSON
CAPT USAF